Mathias Goudeau

EMINEM

de A à Z

Illustration de couverture : Colonel Moutarde

les guides
MusicBook

Également disponibles dans la même collection

de A à Z

THE BEATLES

BJÖRK

DAVID BOWIE

THE CURE

DEPECHE MODE

JIMI HENDRIX

MADONNA

BOB MARLEY

NIRVANA

RADIOHEAD

LENNY KRAVITZ

DAFT PUNK

U2

MYLÈNE FARMER

LAURENT GARNIER

MASSIVE ATTACK

NOIR DÉSIR

MANU CHAO

BRITNEY SPEARS

KORN

MOBY

Directeur de collection :

Stéphane CHABENAT

les guides
MusicBook

EMINEM

Eminem
La bombe du rap !

En moins de trois ans, Eminem a imposé son nom et son rap virulent sur toute planète, devançant, et surtout chipant du public à des mégapopstars comme Britney Spears ou Jennifer Lopez. Mélange de revendication et de provocation, la recette d'Eminem a soulevé les admirations autant que les indignations !

À vingt-sept ans, et à une vitesse éclair, Eminem est donc devenu une star mondiale mais dans un registre autant inattendu qu'inhabituel. Il faut dire que tous les ingrédients médiatiques sont réunis dans le personnage de Marshall Bruce Mathers III : une histoire d'une dramaturgie digne d'un roman de Zola dans les États-Unis d'aujourd'hui, collectionnant violence (il connaît le coma tout petit), sexe (il parle en permanence de « se faire » les popstars américaines), drogue (prise – ou simulation – en direct sur scène) et provocation (pas une photo sans doigté, pas une déclaration sans un « fuck you » qui traîne ou un « suce mes

Très introverti, Eminem est, en plus, chétif. Ce gringalet devient alors le souffre-douleur de ses camarades de classe. Il est donc rejeté par tout le monde et se fait battre régulièrement.

boules » quand il est en France !). Et tout ça, sans artifice de show-business, sans les trucages d'un studio hollywoodien. Non, tout ça pour de vrai, et sans aucune gêne ! Authentique et contestataire, Eminem, c'est en quelque sorte la rébellion de l'Amérique des laissés-pour-compte, des paumés des années Bush et des frilosités du siècle nouveau. Du coup, Eminem effraie autant qu'il séduit, Eminem bouleverse autant qu'il touche, Eminem dégoutte autant qu'il émeut. Bilan : anges ou démon, le rappeur est devenu l'homme de tous les records : record de ventes (dix-sept millions d'albums vendus dans le monde), mais aussi record de provocation (insultes permanentes, violence des propos), record d'interdiction (Australie, Angleterre, Italie et d'autres pays ont tenté de censurer le rappeur) et record d'affaires juridiques (procès avec sa femme, sa mère et nombre d'associations...)

Solitude, violence, drames, combats... Toute la jeunesse d'Eminem forge le personnage qu'il est maintenant et explique le succès du rappeur international qu'il est devenu. Eminem, c'est d'abord l'histoire un peu glauque d'un gamin bringuebalé entre violence et pauvreté dans les bas-fonds des quartiers de Detroit. Debbie Mathers, la mère d'Eminem élève seule le petit Marshall Bruce Mathers III (son père a quitté le domicile rapidement après sa naissance) et ne cesse de déménager. Du coup, Eminem n'a jamais le temps de se faire des amis : l'enfance d'Eminem est scellée dans une morne solitude. Très introverti, Eminem est, en plus, chétif. Ce gringalet devient alors le souffre-douleur de ses camarades de classe. Il est donc rejeté par tout le monde et se fait battre régulièrement. Ainsi, à l'âge de neuf ans, après avoir été frappé violemment, Eminem passe une dizaine de jours dans le coma. Autant de haine accumulée donne à Eminem son esprit de vengeance et une habileté à la répartie violente. De là, vient la rage qui le ronge aujourd'hui et qui participe à son succès.

Autre étape, la découverte du rap par Eminem. Une culture nouvelle pour lui, le hip hop, qui devient son refuge, un espace propre dans lequel il va pouvoir s'épanouir, se réaliser et prouver aux autres qu'il peut parfois être le meilleur. C'est son oncle, Ronnie Polkinghorn, qui l'initie aux freestyles d'Ice T, NWA ou encore Run DMC et les Beastie Boys. Avec lui, il écoute, apprend et surtout commence à écrire et à réaliser ses premiers enregistrements. Mais, à croire que le destin d'Eminem est plombé, il va connaître un nouveau drame : son oncle-mentor se suicide. Eminem est bouleversé, mais il a trouvé sa voie : le rap. S'enchaînent alors les concours de freestyle et les compétitions de MC. Et là, dans un milieu dur et hostile, le blanc Eminem doit se forger une crédibilité.

Hip hop

Véritable nouvelle culture, le hip hop devient son refuge, un espace propre dans lequel il va pouvoir s'épanouir, se réaliser et prouver aux autres qu'il peut parfois être le meilleur.

Et oui, car Eminem est blanc. Et c'est un autre ingrédient de son succès. La communauté rap, majoritairement noire, a peur qu'on spolie son savoir-faire, qu'un blanc viole leur culture. C'est le syndrome du Wigga (le *white nigga*, le nègre blanc) personnalisé par Vanilla Ice (rappeur blanc qui s'était inventé un passé de racaille pour faire plus vrai !) À la manière de Madonna, mais sûrement beaucoup plus inconsciemment, Eminem va s'approprier cette vague encore *underground* et la populariser, la mondialiser. Et si sa couleur fait son succès, c'est aussi que, hormis le public rap, il touche les ados habitués à écouter la pop sucrée et gentillette des Britney et consort. Avant de découvrir Elvis Presley, le producteur Sam Phillips aurait dit « trouvez-moi un Blanc qui chante comme un Noir, il fera ma fortune ». Inconsciemment, Eminem a donc reproduit le même schéma dans la catégorie rap. Enfin, si sa couleur a aidé Eminem, c'est qu'elle crée une nouvelle distorsion dans le personnage (déjà pas très lisse), une nouvelle force pour Marshall Mathers, une nouvelle étape à franchir et surtout, une nouvelle raison de faire parler de lui.

Faire parler de lui, c'est également le fort d'Eminem. Le rappeur de Detroit a commencé par séduire grâce à son rap. Un flow impressionnant d'habileté et de virtuosité, une rythmique virulente et agressive soutenant des paroles fortes. Et avec ça, Eminem a su se faire accepter du milieu rap. Car c'est l'un des maîtres du genre, fondateur du gangsta rap, Dr Dre, qui le consacre en le faisant signer sur son label (dans la maison de disque de Tupac Shakur, Notorious Big, Marilyn Manson ou encore Ice T). Mais Eminem va

> **Wigga**
>
> **C'est le syndrome du Wigga (le *white nigga*, le nègre blanc) personnalisé par Vanilla Ice (rappeur blanc qui s'était inventé un passé de racaille pour faire plus vrai !)**

dépasser les frontières de la communauté hip hop. Et le saut est sûrement franchi grâce à son attitude et à ses textes. Dans ses paroles, Eminem a su développer un style propre : un cocktail dans lequel Marshall mélange violence et humour, provocation et dérision, histoires vécues – souvent sordides – et délires cartoonesques. Un double langage permanent qui permet également au rappeur de surfer sur l'ambiguïté de ses propos. Eminem ne déclare-t-il pas : « la moitié du plaisir que j'éprouve à publier mes chansons vient de la tête que les gens font quand ils les entendent » ? L'attitude d'Eminem ensuite : il joue du scandale en permanence. Les paroles de ses chansons laissent transparaître un homme misogyne, homophobe et violent : dans l'un de ses titres, il va même, avec sa petite fille de cinq ans, jeter à la mer le corps de sa femme qu'il vient de tuer ! Ambigu, Eminem l'est évidemment. Accusé d'homophobie, il fait un duo avec Elton John. Critiqué pour sa violence, on le dit ultrasensible dans la vie privée. Où commence le calcul médiatique (dans une industrie musicale sclérosée par les coups marketing), où finit la sincérité d'un artiste écorché vif ? Où s'arrête le génie d'un SDF devenu star internationale en quelques mois et où commence la folie d'un gamin élevé dans la violence ? Lui répond : « vous ne rencontrerez jamais de cerveau plus pervers que le mien » (dans la chanson *I'm Back*). Voici comment le New Musical Express résume le phénomène : « L'année où Eminem, l'artiste le plus adulte de la planète est devenu simultanément l'idole des jeunes, un anti-héro pour deux générations (de dix à quarante ans) et le premier musicien à abolir les frontières entre pop,

« La moitié du plaisir que j'éprouve à publier mes chansons vient de la tête que les gens font quand ils les entendent. »

rap et rock 'n' roll pour créer sa propre catégorie. En bref, Eminem est l'Elvis du XXIe siècle. »

Une chose est sûre, Eminem ne laisse pas indifférent. « Au moins, il provoque des discussions, il fait réagir les gens, dit Madonna. Il reflète ce qu'est la société de nos jours. C'est ce que l'art est supposé faire… » Car attention à ne pas se tromper, plus qu'une cause, Eminem est sûrement un symptôme de l'état de l'Amérique d'aujourd'hui. Et c'est finalement peut-être ça le plus effrayant…

Mathias Goudeau

a

Acteur **Eminem à l'air de se sentir plutôt à l'aise** dans les baskets d'acteur et parle de son désir de poursuivre une carrière dans le 7e art. Et on s'en doute, Eminem reçoit de nombreuses propositions de tournage au cinéma. Le rappeur a tourné quelques scène du film *Method Man*, de Dale Resteghini (le réalisateur de *Da hip-hop witch*, la parodie de *Blair Witch Project*) aux côtés de Lauryn Hill. Mais il a demandé à être coupé du film. Par ailleurs, le producteur de *8 Mile*, Brian Grazer, croit beaucoup à l'avenir d'Eminem sur grand écran. Selon lui, le rappeur possède le même potentiel que Mark Wahlberg, ancien rappeur devenu acteur à succès. Brittany Murphy, sa partenaire dans *8 Mile* ne tarit pas non plus d'éloge pour le jeu d'acteur du rappeur. « C'est un acteur étonnant. Je ne pense que ce soit une surprise pour beaucoup de monde, nous avons tous vu ses clips. Je pense que, pour lui, c'est tout à fait naturel de jouer la comédie. »

Adolescence **En 1987, un an après la naissance de son demi-frère**, Nathan, Eminem a treize ans quand sa mère vient s'installer dans un quartier à l'est de Detroit (Michigan). Eminem passe son adolescence dans la pauvreté et dans une atmosphère de violence quotidienne. Il fréquente ensuite quelque temps le collège Lincoln (Lincoln High School) à Warren (Michigan). Mais, il redouble deux fois sa troisième avant de quitter le collège à l'âge de dix-sept ans. C'est alors qu'il trouve refuge dans le hip hop : il commence à écrire et à enregistrer son propre rap et son habileté lui donne confiance. Un certain talent qui lui permet de se faire quelques connaissances et de ne plus rester totalement seul. C'est à ce moment également qu'il adopte le surnom de « Eminem » (de ses initiales M & M) et qu'il commence à concourir dans des compétitions de *freestyle* (joutes verbales).

Aftermath Record

C'est le sous-label de la maison de disque Interscope dirigé par Dr Dre, qui signe Eminem en janvier 1998. Bizarre, l'un des membres du groupe D12, raconte que lorsqu'il a décroché son contrat, Eminem a disparu pendant trois semaines avant de réapparaître pour annoncer à tout le monde sa signature avec Dr Dre. La collaboration avec le producteur-rappeur s'engage ensuite rapidement puisqu'ils rentrent en studio dans la foulée de l'accord. Le premier single (*Just Don't Give a Fuck* et *Brain Damage*) sort tout juste un an après, le 23 février 1999.

Aguilera (Christina)

C'est l'une des têtes de Turc favorite d'Eminem. Dans le titre *I'm Back*, Eminem dément une supposée rumeur d'une relation avec la star blonde des ados (il précise qu'il préfère, de loin, l'actrice et chanteuse Jennifer Lopez). Mais surtout, dans *The Real Slim Shady*, Eminem décrit Aguilera se rendant à une remise de prix et s'adonnant à quelques fellations à Fred Durst, le chanteur du groupe Limp Bizkit ou à Carson Daly, un présentateur de MTV. La lolita a répondu : « C'est dégoûtant et offensant et surtout, ce n'est pas vrai ». Avant de préciser : « Eminem ne semble pas m'aimer du tout. Je ne sais pas ce que j'ai dit pour le déranger à ce point, mais peu importe, je le dirais encore. »

Pourtant, Christina Aguilera choisit de ne pas poursuivre Eminem en justice: « Poursuivre quelqu'un pour calomnie, c'est le prendre au sérieux. Il est évident que dans cette chanson, il fait son fond de commerce avec bon nombre de gens. » De son côté, Eminem a déclaré que le coup de la fellation était probablement inventé, précisant qu'il a été offensé quand Aguilera a spéculé sur sa vie personnelle dans une émission de MTV. L'actrice a déclaré qu'Eminem était mignon et a parlé de son mariage (alors qu'Eminem ne le souhaitait pas) précisant également « n'a-t-il pas une chanson qui parle de tuer le bébé de sa mère ? » Eminem décide donc de se venger en balançant une rumeur sur Aguilera.

Amis

Proof, Royce et DJ Head (sur scène avec lui) et Paul Rosenberg (son avocat-manager) sont ses plus proches amis. Eminem a décidé que sa célébrité ne changerait rien à leurs relations. Une décision qui rejoint le pacte passé avec les membres de son groupe D12 (si l'un d'entre eux devient célèbre, il doit aider les autres). « Les amis que j'avais avant d'être célèbre font partie de mes tournées maintenant. Je ne veux pas qu'ils soient pauvres. »

Amours

Suite à ses relations tumultueuses avec Kim, la mère de sa petite fille, Eminem fait l'objet de toutes les spéculations en matière de relations amoureuses. Au conditionnel, bien sûr… Eminem aurait donc craqué pour la rappeuse blanche Pink, qu'il aurait invitée dans un club privé pour ses vingt et un ans, et à qui il aurait écrit un poème sur ses jolis pieds ! Eminem aurait été fou amoureux de Samantha Mumba qu'il aurait draguée à Los Angeles où elle tournait son premier film. On lui a également prêté une liaison avec Beyonce Knowles la meneuse des Destiny's Child. Plus récemment, c'est Mariah Carey qui aurait été l'objet de ses attentions. Enfin, pendant le tournage de *8 Mile*, avec Kim Bassinger, devinez quoi…

Anderson (Pamela)

Elle fait partie de la collection de stars qui peuplent les paroles des chansons d'Eminem. Le rappeur fait référence à Pamela Anderson dans *The Real Slim Shady*. Dans ses paroles, il dénonce l'importance exagérée que l'on accorde à sa couleur de peau, accusant ses opposants de « rester ébahi, la mâchoire tombante, comme Pamela quand Tommy vient de défoncer la porte pour la frapper encore plus fort que d'habitude. » Tommy Lee a été emprisonné pour violence conjugale sur Pamela Anderson.

Anger Management Tour

À la suite de la tournée *Up in Smoke Tour* avec Dre, Snoop, Kurupt, Eminem a poursuivi une série de concerts aux États-Unis avec Xzibit, Limp Bizkit et Papa Roach, le *Anger Management Tour*, mêlant rock et rap.

Angleterre **Après un concert outre-Manche**, à Manchester, Eminem a été mis en garde à vue. En entrant sur scène, avec masque de Jason et tronçonneuse, il aurait avalé des cachets d'ecstasy, incitant son public à faire de même. « J'espère que c'est de la bonne drogue » a-t-il crié. Lors des interrogatoires de la police, Eminem a nié avoir pris de la drogue, affirmant qu'il s'agissait d'un chewing-gum. Pour l'inspecteur White chargé de l'enquête, l'important n'est pas qu'Eminem ait pris ou non des substances illicites, mais qu'il ait incité des jeunes spectateurs à se droguer.

Australie **L'Australie s'est déchaîné contre Eminem.** Quelques mois avant ses concerts prévus à Melbourne le 26 juillet et à Sydney le 27 juillet 2001, Eminem s'est fait quelques ennemis australiens. Soutenu par l'Association de la Famille d'Australie, Peter Slipper, un député conservateur et avocat australien, a exercé des pressions sur le gouvernement afin qu'il interdise la venue d'Eminem. « Le gouvernement australien », affirme-t-il, « ne doit pas autoriser la venue d'un artiste qui fait l'apologie de la drogue et de la violence et qui utilise un langage ordurier. » Le révérend Fred Nile a surnommé Eminem « le pasteur de la haine » et l'a même comparé à Hitler !

De son côté, John Howard, le chef de l'État, a qualifié les textes d'Eminem d'écœurants, précisant qu'il ne lui appartenait pas d'interdire au rappeur de se produire sur le sol australien. En réponse, Eminem a invité le Premier ministre à ses concerts : « Je veux juste vous voir danser monsieur le Premier ministre et je veux aussi voir danser les Australiens sur ma musique ». Finalement, un visa a été accordé au rappeur (qui a même échangé quelques mots avec le Premier ministre). Y allant de sa provocation, pendant le concert Eminem a annoncé qu'il voulait « acheter une maison et déménager ici, mais je ne pense pas que votre Premier ministre aimerait ça ». Plus tard, il ajouta : « Ils ont presque failli m'interdire l'entrée sur votre territoire. Alors j'ai apporté un pistolet avec moi. Je blague... »

Avertissement

L'album *The Slim Shady EP*, produit par FBT (excepté trois titres produit par Dr. Dre) commence par un « Public Service Announcement », un avertissement ajouté par le producteur Jeff Bass à l'attention des plus jeunes auditeurs : « The views and events expressed here are totally fucked, and are not necessarily the views of anyone. However, the events and suggestions that appear on this album are not to be taken lightly... Slim Shady is not responsible for your actions. »

« Mon album n'est pas à faire écouter aux plus jeunes enfants » a déclaré Eminem au magazine *Rolling Stone*. « Il y a un sticker qui prévient et vous devez avoir dix-huit ans pour l'acheter. Ça ne veut pas dire que les plus jeunes ne vont pas se le procurer, mais je ne suis pas responsable de tous les mômes. Je ne suis pas un modèle, et je ne clame pas l'être. »

b

Bande Originale de film

Eminem a participé à bon nombre de bandes originales de films. Avec Dr. Dre, il a collaboré à la B.O. du film *Wild Wild West*, avec Will Smith, en 1999 (titre *Bad Guys Always Die*). À la fin de l'année 1999, le titre d'Eminem, *Bad Influence,* a fait partie de la B.O. d'un film avec Arnold Schwarzenneger, *End of Days*. On note également le titre *My Fault* sur la B.O. du film *Celebrity Deathmatch* (1999). Un remix de *Murder Murder*, fait partie de la liste des titres repris dans la comédie hip hop *Next Friday* (1999), dans laquelle apparaît Ice Cube et un titre avec Redman, *Off the Wall*, sur la B.O. du film *The Nutty Professor 2* (2000).

Bass Marky and Jeff

Une paire de producteurs de hip-hop de Detroit connus sous le nom de « FBT Production », la Funky Bass Team. Ce sont eux qui repèrent Eminem les premiers. Ils l'entendent pour la première fois lors de son passage à une émission de radio nocturne sur la station WHYT. Ils sont alors frappés par le flow d'Eminem, qu'ils cherchent immédiatement à contacter pour l'inviter à enregistrer dans leur studio. Il participeront ensuite à la production du deuxième album d'Eminem, *The Slim Shady EP.*

Bassinger (Kim)

Ancienne *top model*, Kim Bassinger a fait ses débuts d'actrice dans la série *Drôle de Dames*, mais c'est surtout son rôle aux côtés de Mickey Rourke, dans le film *9 semaines et demi*, en 1986, qui la révèle au public. Elle enchaîne ensuite *Batman* en 1989, *Prêt-à-porter* en 1994 et surtout *L.A. Confidential* qui lui permet de décrocher un Oscar© (celui du meilleur second rôle). Aujourd'hui, elle retrouve le réalisateur de *L.A. Confidential*, Curtis Hanson dans la biographie filmée d'Eminem, *8 Mile*. Elle y incarne Debbie Mathers, la mère du rappeur.

Bassmint Productions

À quinze ans, deux ans avant d'arrêter définitivement l'école, Eminem forme son premier groupe de rap : Bassmint Productions. « Je ne pense pas que j'étais spécialement stupide, mais ça ne marchait pas à l'école. » Rien à faire, désormais Eminem est totalement absorbé par le rap. Il commence à émerger sur la scène locale de Detroit, et distribue des cassettes de ses *freestyles* à tout va.

À cette époque, il concoure tous les week-end au *Saturday-night open mike freestyle contests* (littéralement, le « concours de freestyle libre du samedi soir ») au Hip hop Shop, un club de rap de Detroit. « Un jour, ils m'ont entendu rapper et tout le monde s'est tu » se souvient Eminem. C'est à ce moment, et dans ce lieu, qu'il rencontre Proof, un jeune MC black qui deviendra son complice.

Bonnie and Clyde 97 **C'est un des titres les plus forts**, les plus violents et les plus controversé de la discographie d'Eminem. Dans cette chanson, Eminem raconte à sa fille de trois ans, Hailie, pourquoi sa mère Kim gît dans le coffre de la voiture. Et, ce qui a le plus choqué, c'est que l'on entend la voix de la fille d'Eminem sur le morceau. Pour réaliser cet enregistrement, Eminem a dû mentir à la mère de la petite. « Je lui ai dit que j'emmenais Hailie au restaurant Chuck E. Cheese. Quand elle a découvert que j'avais utilisé notre fille pour écrire une chanson qui parlait de la tuer, elle a explosé ! » D'autant qu'Eminem a fait écouter le titre à sa femme une quinzaine de jours après qu'ils se soient remis ensemble !

Bus **Lors d'une escale de la tournée d'Eminem** avec Limp Bizkit, DMX et Xzibit, dans la ville de Denver, le bus d'Eminem a été incendié. « Je reçois des menaces de mort quotidiennes ! » réagit Eminem. « Peut-être que je devrais les prendre un peu plus au sérieux. » Aucun blessé dans ce cas, mais quelques dégâts matériels estimés à 106 000 euros !

C

Canada **Ce n'est ni le gouvernement, ni une association**, mais une habitante de Toronto, Valérie Smith, qui a causé des problèmes à Eminem pour sa venue au Canada. Le 24 octobre 2000, devant le procureur de l'Ontario, elle a porté plainte contre le rappeur, estimant que les textes de ses chansons enfreignaient la loi canadienne contre la haine et la violence. Deux jours plus tard, le procureur a demandé aux autorités canadiennes d'interdire à Eminem l'entrée du Canada où il devait donner des concerts. Cela n'empêchera pas le rappeur d'entrer sans difficultés au Canada pour y donner un show sur la scène du Toronto-Skydonne. Lors de cette soirée, il traitera Valérie Smith de « sale pute » ! Il fallait s'y attendre…

Caractère **Marshall Bruce Mathers III est décrit par ses proches** comme étant ambivalent : plutôt compliqué et hyperactif quand il joue son personnage, mais simple, réservé, effacé, charmeur et plutôt sensible dans l'intimité. Selon la biographie non autorisée d'un ancien garde du corps, Eminem serait même très sensible. Dans le privé, il pleurerait pour rien : « Dès qu'on lui met la pression, il éclate en sanglot. » La biographie révèle également qu'Eminem a peur du noir et qu'il ne peut s'endormir sans une veilleuse !

Caritatif

Dès qu'il le peut, Eminem file un coup de main à ses amis de la première heure, mais il n'hésite pas non plus à faire des dons à des œuvres. Le 17 février 2001, un concert unique d'Eminem a été diffusé en exclusivité sur une chaîne payante américaine. Pour voir le concert, les téléspectateurs devaient payer 120 francs. Une partie des bénéfices générés par cette opération a été reversée à un centre de réinsertion pour adolescents en difficultés. Comme quoi, Eminem peut avoir du cœur...

Censure

61 000 euros ! C'est le montant qu'a dû payer une radio américaine pour avoir diffusé la chanson d'Eminem *The Real Slim Shady* en pleine journée. En effet, une loi américaine interdit la diffusion de chansons contenant des propos obscènes à des heures où les enfants sont susceptibles d'écouter la radio.

Cheney (Lynne)

Épouse du vice-président américain Dick Cheney, elle a préparé un rapport sur le marketing de la violence par Hollywood devant une commission du Sénat. Dans son exposé, elle a cité Eminem comme exemple de l'avilissement et des dangers d'une certaine culture américaine. Ainsi, elle a lu à haute voix des paroles extraites des chansons d'Eminem : « Épouses, bonnes sœurs, putes, salopes... il va les tuer lentement, en laissant assez d'air dans leurs poumons pour prolonger leurs cris, il peindra la forêt avec leur sang... il a la machette de O.J., il crie : "Salope, je vais te tuer." »

Clips

Les clips d'Eminem sont toujours de petits films très scénarisés, paraphrasant souvent les textes du rappeur. C'est le réalisateur Philippe Atwell, qui co-signe tous les clips de Dr. Dre, qui a réalisé tous les clips d'Eminem (souvent en co-réalisation avec Dr. Dre, d'ailleurs). Il s'est déjà vu récompenser aux MTV Awards. Dans *Stan*, Eminem est interprété par Devon Sawa. Alternent des images d'Eminem sur scène et l'histoire du fan qui finit par faire plonger sa voiture du haut d'un pont dans l'eau alors que sa copine enceinte, enfermée dans le coffre, hurle. On retrouve Eminem en train d'écrire une lettre tandis que sa télévision montre la police en train de remonter la voiture du fan.

Guilty Conscience utilise « l'effet temps mort » (que l'on retrouve dans *Matrix*) et qui permet à Eminem et Dr. Dre de s'intégrer dans des scènes figées de la vie des personnages. Le clip de *The Real Slim Shady* est plus cartoon : dans les coulisses d'une émission de télévision, Eminem déguisé en super-héro (portant des fesses et des faux seins en plastique) hurle sur Britney Spears et les Backstreet Boys, tandis que le chanteur du groupe Limp Bizkit, Fred Durst, s'amuse avec une poupée gonflable à l'effigie de Britney Spears.

On trouve également les rappeurs Method Man et Redman en *guest* et quelques scènes dans un hopital psychiatrique où le rappeur est soigné par une infirmière jouée par l'actrice Katty Griffin. Un DVD regroupant tous les clips d'Eminem est sorti. En bonus, il propose notamment un *making of* du tournage du clip *Stan*.

Coma

Lors de son enfance, Eminem, solitaire, était souvent le souffre-douleur de ses camarades de classe. Lors de l'hiver 1983, Eminem a neuf ans, quand un élève, D'Angelo Bailey (plus vieux que lui de deux ans) le frappe, projetant le jeune Marshall Bruce contre une congère de neige. Après être rentré chez lui, Eminem sent ses oreilles saigner. Emmené à l'hôpital, les médecins diagnostiquent une hémorragie cérébrale. Le coup de Bailey faillit être fatal pour Eminem puisqu'il reste ensuite environ une semaine dans le coma. Sur cet événement, Eminem écrira le titre *Brain Damage*.

Mais l'histoire a une suite assez cocasse : huit ans après le drame, en décembre 2001, D'Angelo Bailey (habitant à Roseville, Michigan), décide de poursuivre le rappeur et de lui réclamer un million de dollars. Il estime que les paroles de la chanson *Brain Damage* portent atteinte à sa réputation. Dans son texte, Eminem rappe : « J'étais harcelé quotidiennement par un gros enfant appelé D'Angelo Bailey, un gars en 8e degrés qui était mauvais, parce que son père le boxait/Alors, chaque jour il me donnait des coups dans les vestiaires/Et il me mettait en position de soumission pour me frapper/Il cognait ma tête contre les pissotières jusqu'à ce que mon nez se casse/que mes fringues soient pleines de sang, il m'attrapait et m'étranglait à la gorge. » Bailey prétend donc que ce portrait n'est pas juste et qu'Eminem se prétend injustement victime de violences.

Par ailleurs, la mère d'Eminem avait intenté des poursuites contre l'école de Rosewood en 1982. Déboutée, elle estimait à l'époque que son fils, souffrait de nausées et de maux de tête suite à des violences physiques subies par Eminem à l'école.

Couleur

Eminem est l'un des rares rappeurs blancs à être totalement accepté par la communauté noire (même si des groupes comme les Beastie Boys ou 3rd Bass, ont ouvert la voie). Mais le chemin n'a pas été des plus simples. En effet, aux États-Unis, le hip hop est la culture de la communauté noire américaine, avant tout. Et il est difficile pour un blanc de s'y faire une place (voir **Wigga**). Au lycée, alors qu'il commence à se faire une petite réputation sur la scène rap locale, Eminem fait des efforts pour faire oublier sa couleur de peau. Quand Dr. Dre, son producteur, écoute Eminem pour la première fois, il ne sait pas qu'Eminem est blanc. Il dira, plus tard : « il est assez rare de trouver un blanc qui a un *flow* comme le sien. »

Mais pour Dre, la couleur n'a eu aucune importance dans le choix de signer Eminem précisant que « ce qui le différencie des autres rappeurs est plus que sa couleur blanche ». Pour sa part, Eminem déclare qu'il essaie « de ne pas faire attention à ça. Je ne me réveille pas chaque jour en me disant, face au miroir "oh, je suis blanc". » Pourtant, au départ, la communauté rap a vu le succès d'Eminem d'un mauvais œil. Par la suite, la plupart des rappeurs noirs reconnaîtront qu'Eminem a permis l'élargissement du public rap, via notamment la programmation de son album sur des radios rock.

« Je suis blanc dans une musique lancée par des blacks. Je ne suis pas ignorant de cette culture et je n'essaie pas d'aller à l'encontre de cette culture. Mais personne n'a la chance, quand il grandit, de choisir sa couleur de peau. Si vous êtes un gosse riche ou un enfant du ghetto, vous n'avez aucun contrôle sur votre environnement. Le seul contrôle que vous avez est de vous écarter, de vous sauver de votre condition ou d'y rester. » Et pour finir, Eminem de conclure : « À moins que vous ne vouliez "me baiser", pourquoi faites-vous gaffe à quoi je ressemble ? »

Culkin (Macaulay) **Pour le clip Stan**, Eminem a d'abord proposé au jeune acteur de *Maman j'ai raté l'avion* d'incarner le rôle de Stan, le fan obsédé qui se suicide avec sa femme enceinte. Mais il n'était pas libre…

d

D12 **Parallèlement à sa carrière, Eminem a fait partie** de différents groupes. Mais le plus important, reste D12 (prononcer « Di-twelve »). Malgré le chiffre qui compose leur nom, les D12 ne sont que six. À l'image d'Eminem (et de son double Slim Shady), chaque musicien porte une double identité : Big Proof s'appelle également Dirty Harry, Kon Artis peut devenir Mr Denaun Porter, Bizarre est aussi Peter S. Bizarre, Kuniva porte le pseudo de Rondell Been enfin Swift est également Swifty McVeigh à ses heures. Six rappeurs à deux têtes qui donnent le groupe D12.

Les six copains ont fait connaissance au Hip Hop Shop, le club de Detroit que fréquente Eminem pour ses concours de freestyle du samedi soir. À l'époque, Marshall Bruce est en contact avec un producteur local, Kon Artis, avec lequel il travaille sur son premier album *Infinite*. C'est alors que l'un des DJ en vogue à Detroit, MC Proof le remarque : et l'aventure de D12 commence.

À noter que si les six hommes restent aujourd'hui très soudé, c'est qu'ils ont établi un pacte entre eux : « si l'un d'eux a du succès, il doit aider ses camarades ». Ainsi, lors de son explosion médiatique, Eminem a respecté le contrat. Il a invité les cinq autres sur *Under the Influence*, un des trois morceaux du *Marshal Mathers LP* et surtout il a enregistré et produit (avec Dre et Rockwilder) *Devil's Night*, le premier album de D12, sorti en juin 2000 sur son propre label Shady Records. La notoriété médiatique a sans aucun doute été un coup de pouce important puisque le disque s'est vendu à 372 000 exemplaires la semaine de sa sortie. À noter pourtant que le clip du premier extrait de l'album, *Purple Pills*, a été interdit sur MTV en raison de ses références à la drogue.

La notoriété d'Eminem a également aidé des membres de D12 à prendre leur envol en solo. Par exemple, Proof a gagné un concours du magazine *The Source*, pendant que Bizarre a reçu une attention particulière pour son album de 1999 *Attack of the Weirdos*, sur lequel Eminem apparaît en guest. Et si D12 révélait d'autres petits Eminem…

Daddy Warbucks

Deux ans avant la naissance de Marshall Bruce III, les parents du futur Eminem ont fait parti d'un groupe de reprises : les Daddy Warbucks. Le groupe tournait surtout dans les hôtels Ramada Inns à la frontière entre le Dakota et le Montana.

Dédicace

Pour la sortie de son album *The Marshall Mathers LP*, Eminem (en compagnie des membres de D12) s'est prêté au jeu de la dédicace au Virgin Megastore de Time Square… Mais la séance a faillit mal tourner. Serein tout au long de la dédicace, Eminem n'a pas hésité à serrer et à embrasser ses admiratrices tout en signant des autographes sur son nouvel album. Le magasin a été pris d'assaut par une marée de fans, qui n'ont d'ailleurs pas pu tous rentrer. Tout se passait bien jusqu'à ce qu'un homme, semble-t-il assez furieux, tente d'agresser Eminem avec son stylo. L'homme a rapidement été maîtrisé et écarté par les vigiles en place.

Dessin animé

Eminem a l'air d'apprécier les *cartoons*, comme il aime le cinéma. En effet, avec son producteur Paul Rosenberg, il a produit une série de dessins animés intitulés *The Slim Shady Show*. On peut y entendre la voix du rappeur et, comme dans ses chansons, Eminem profite de cette nouvelle exposition pour taper sur les stars américaines.

On retrouve donc Eminem lui-même, mais également les personnages de *South Park* et même Leonardo di Caprio qui se fait frapper par le rappeur… Par ailleurs, une rumeur faisant état de la présence d'Eminem dans le dessin animé *South Park*, a été démentie pour l'instant.

Detroit

Revers de la médaille étonnant pour Eminem qui a passé une partie de son enfance dans les bas-fonds de Detroit : une série d'honneur lui a été rendu par la ville le 13 mars 1999. Ce jour-là, Eminem s'est vu remettre les clefs de la ville par le maire, Dennis Archer, lui-même.

À cette occasion, une émission spéciale est revenue sur ses émissions radio dans la ville. Eminem s'est également prêté à une séance d'autographe, mais aussi à un freestyle chez sa tante. Bref, la journée d'Eminem a fait la une des infos de la télé locale ABC. « C'est bon d'être à la maison, a déclaré le rappeur. C'est comme quelque chose dont tu rêves, mais tu ne sais pas si ça va se réaliser, et quand ça arrive, tu te dis : "Whoa !" »

Dictionnaire

Adolescent, Eminem s'est plongé dans les dictionnaires pour enrichir son vocabulaire et travailler ses rimes.

Dido

Selon le magazine américain Bilboard, en 2001, Dido est la plus grosse vendeuse de disque à travers le monde avec 8,6 millions d'exemplaires de son album *No Angel* écoulés (elle devance Britney Spears ou encore les Destiny's Child). Elle a également été sacrée meilleure interprète féminine de l'année et a remporté le trophée du meilleur album pour *No Angel* aux Brit Awards, en février 2002. Britney Spears l'a sollicitée pour écrire une des chansons de son dernier album. Il faut dire qu'Eminem lui a donné un sacré coup de main en samplant le premier couplet de sa chanson *Thank you* dans son titre *Stan*.

C'est en écoutant sa voix sur la bande originale du film *Pile et face,* avec Gwyneth Paltrow, qu'Eminem a craqué pour la chanteuse. Il a tout fait pour la rencontrer. Mais les deux stars sont restées très discrètes sur leur relation supposée. Dido Amstrong est née à Londres en 1971 d'un père agent littéraire et d'une mère écrivain. Elle apprend la musique très jeune, depuis l'âge de six ans, et à dix ans, elle joue déjà du violon, de la flûte et du piano. Elle parcourt ensuite l'Angleterre dans une formation classique, puis se prend de passion pour Ella

Fitzgerald. Elle se met ensuite à l'écriture de ses propres chansons et monte *Faithless*, un groupe de musique électronique-rock auquel participe son frère Rollo, avec qui elle travaille toujours aujourd'hui. C'est avec lui qu'elle prépare son second album.

Divorce

Les relations d'Eminem avec sa femme, Kim, n'ont jamais été vraiment linéaires. Mais aujourd'hui, le divorce est prononcé. En effet, après qu'Eminem a trouvé Kim en train d'embrasser un videur sur le parking d'un bar de nuit, il a demandé le divorce. En réponse, tout juste une semaine après, Kim portait plainte pour diffamation (pour la chanson *Kim*) réclamant près de douze millions d'euros de dommages et intérêts.

Un an après, pendant un concert de la tournée *Up In Smoke* à Portland (été 2000), Eminem annonce que tout va bien avec Kim et qu'elle est présente. On lui amène une poupée gonflable et le rappeur simule une fellation avant d'envoyer la poupée dans la foule. Lors de la date à Detroit, Kim assiste au concert. Ce soir-là, elle tente de se suicider en se tailladant les veines. Finalement, un an après, en juin 2001, Eminem et sa femme concluent un accord de divorce prévoyant la garde partagée de leur fille âgée de cinq ans.

Cette entente prévoit également qu'Eminem gardera leur maison de 450 000 dollars. Sa femme Kim aura droit à un indemnité de 475 000 dollars pour s'en acheter une autre. Les négociations se sont déroulées à l'amiable.

Dr Dre

Sans Dre, pas d'Eminem ! Rappeur et producteur du label Aftermath, c'est lui qui a aidé le petit Marshall Mathers a devenir le géant Eminem. En janvier 1998, Eminem signe un contrat avec Dr. Dre.

Andre Young, alias Dr. Dre, a été l'un des fondateurs du *gangsta rap* aux États-Unis. Né le 18 février 1965, il s'est fait connaître à travers le groupe NWA, Niggaz With Attitude, au début des années 1980. En 1986, il rencontre Ice Cube avec lequel il collabore et sort un album en 1987. Il rappera ensuite avec Snoop Doggy Dog et Warren G avant de sortir deux albums solo, *The Chronic*, en 1992 puis *Concrete Roots* en 1994.

Dre se tourne alors vers la production en créant le label Death Row Records avec Suge Knight. Puis il se sépare de cet associé pour monter le label Aftermath (distribué par Interscope, la maison de Tupac Shakur, Nine Inch Nails ou encore Marilyn Manson) en 1996. Il a donc produit Ice Cube, Tupac Shakur ou encore Snoop Doggy Dog, avant de signer Eminem.

Dre découvre Eminem sur scène. Mais il se souvient avoir vu une copie de *The Slim Shady Ep* dans les bureaux d'Interscope. Après avoir réécouté l'album, il voit en Eminem le poulain idéal pour son nouveau label. « Pas beaucoup d'artistes peuvent me séduire à la première écoute et sans visuel », dit-il alors. Il n'y a pas de meilleur compliment pour Eminem, dont Dre était une idole : « Quand j'ai grandi, j'étais l'un des plus grands fan de NWA. Devant ma glace, je rêvais d'être Dr. Dre ou Ice Cube. C'est le plus grand producteur de rap que j'ai jamais vu. » Les deux hommes entreront rapidement en studio. Eminem est tellement motivé qu'il enregistre quatre titres en six heures (dont *My Name Is*, *Role Model* et *Guilty Conscience*, un duo avec Dre). « À chaque rythme qu'il proposait, j'avais une rime à mettre dessus » se souvient Eminem. Du coup, Dre invite Eminem à participer à son propre album *The Chronic 2001*.

Si Dre a sorti Eminem de l'anonymat, il ne faut pas oublier qu'Eminem a permis à Dre de sauver son label de la déroute. Avant de signer Eminem, Dre et son co-producteur Mel-Man sortent d'un échec cuisant. Leur production The Firm, un groupe de rap réunissant l'aguicheuse Foxy Brown, Naz et AZ, ne marche pas. « Vous vous souvenez de la scène dans *Titanic* quand ils installent les femmes et les enfants dans les canots et qu'ils disent aux hommes d'attendre ? » a ensuite commenté Mel-Man. « Heureusement, un hélicoptère est arrivé et c'était Eminem. Il nous a lancé une corde et on a grimpé. »

Drogue

Eminem aurait été accro au Vicodin. Il s'agit d'un analgésique, c'est-à-dire une substance qui évite la sensation de douleur. C'est le magazine *News of the World* qui a fait cette révélation. Par ailleurs, il arrive à Eminem de simuler la prise d'ecstasy lors de ses concerts. Interrogé, notamment par la police anglaise, le rappeur a déclaré qu'il ne s'agissait en fait que de chewing-gum.

e

Écriture

Eminem commence à écrire ses premières rimes à l'âge de douze ans. Il est découvert à quatorze ans par des producteurs de Detroit (F.B.T. Funky Bass Team).

8 Mile

Tout d'abord intitulé *Fight Song*, *8 Mile* est le premier film d'Eminem, qui devrait sortir en juillet 2002 aux États-Unis. Curtis Hanson, le réalisateur du film, qui a déjà *L.A. Confidential* à son actif, donne la raison du titre : « Les gens de Detroit connaissent 8 Mile en tant que limite de la ville ou frontière. Mais il existe une ligne qui sépare chacun de nous du lieu où nous voulons être et de qui nous voulons être. Nous avons tous notre propre 8 Mile. »

Le scénario (Scott Silver, auteur du scénario de The Mod Squad) du film est basé sur la vie d'Eminem. « Cela va refléter ma vie, explique Eminem, bien que l'histoire entière ne reflète pas complètement ma vie réelle. » La distribution réunit Eminem (qui s'appelle Jimmy Smith Jr. dans le film), bien sûr, mais également Kim Basinger, qui joue la mère d'Eminem, Mekhi Phifer (Shaft), Brittany Murphy (Don't say a word) et Eugene Byrd (Dead Man). On note aussi les apparitions de Xzibit et Anthony Mackie, qui avait joué le rôle de Tupac dans le film

Against The Wind. Enfin, le film est produit par le studio franco-américain Imagine Entertainment pour Universal. Le tournage a débuté le 14 Janvier 2002 dans le quartier de Highland Park, dans la banlieue de Detroit. Mais il eut été surprenant qu'il soit de tout repos ! Plusieurs membres de l'équipe du tournage du film ont été brûlés au premier degré (sans graves conséquences autres que psychologiques), suite à un incendie probablement d'origine criminelle.

L'enquête cherche à vérifier l'hypothèse d'une action des habitants du Michigan qui voulait faire interdire le tournage du film sur leurs terres. Ils s'opposaient à une scène impliquant l'incendie d'une maison. En contrepartie, les producteurs proposaient de démolir la résidence concernée après le tournage mais aussi de faire un don de 2 000 dollars à une bonne œuvre locale, de faire découvrir les coulisses du film aux élèves des écoles et de faire participer Eminem à une conférence sur le cinéma. Finalement, le service de police local sera déployé sur place pour permettre le tournage !

Eminem

Il doit tout simplement son surnom à ses initiales : M et M (de Marshall Mathers).

Enfance

Le 17 octobre 1974, à Kansas City (Missouri), Marshall Mathers Junior et Debbie Marthers donnent naissance à Marshall Bruce Mathers III. Sa mère n'est alors âgée que de seize ans et pourtant, elle va élever seule son petit Marshall après le départ prématuré du père. La famille restreinte déménage tout le temps. « Je crois que le plus longtemps qu'on soit resté dans un appartement doit être six mois », se souvient Eminem.

De l'âge de un an à cinq ans, il habite donc à Detroit, avant de s'installer au Kansas (entre cinq et neuf ans) puis de revenir dans le quartier Est de Detroit pour y passer son adolescence. Bref, aucune stabilité, donc pas vraiment le temps de se faire des amis, Eminem devient un garçon plutôt introverti. Il grandit dans des quartiers chauds, où la communauté noire est dominante et avec elle la culture hip hop.

Esham

En août 2001, un mois après avoir été condamné pour la bagarre avec un ami du groupe Insane Clown Posse, Eminem est accusé d'avoir commandité un passage à tabac. C'est Esham, un rappeur de Detroit qui porte cette accusation : il dit avoir été roué de coups par certains membres du groupe D12 dans les coulisses d'un concert donné à Camdem dans le New Jersey. Le rappeur souffre de contusions et de fractures. Selon lui, ce règlement de compte trouverait son origine dans la chanson *Chemical Imbalance* de son dernier album : il y fait en effet référence à la fille d'Eminem.

Europe

Après une tournée aux États-Unis, Eminem s'est plié au jeu de la promotion en Europe. En août 1999, Eminem a donc passé un mois en Europe, de Londres à Stockholm, en passant par Amsterdam, Hambourg, Munich et Paris. C'est lors de cette tournée professionnelle (à Amsterdam) qu'il écrivit cinq nouveaux titres. La tournée de concerts européens débute, quant à elle, deux mois plus tard. C'est en octobre qu'Eminem revient en Norvège, à Oslo, pour entamer une série de concerts. Puis se succèdent Stockholm, Berlin, Chemnitz, Vienne, Munich, Stuttgart, Zurich, Offenbach en Cologne, suivis par une tournée anglaise à Manchester, deux soirs à Londres et un à Glasgow, avant de revenir à Amsterdam en novembre.

La tournée a dû être interrompue pour cause de repos forcé (suite à une infection pulmonaire) du rappeur : les trois concerts de Copenhague, Malmö et Hambourg ont dû être annulés. Eminem revient en Europe à l'occasion d'une grande tournée au début de l'année 2001 en compagnie de D12.

Everlast **Groupe de rap hardcore**, mené par Erick Schody, qui a sorti l'album *Forever Everlasting* en 1990 et qui s'est fait remarqué par l'album de hip hop acoustique *Whitey Ford Sings the Blues* en 1998. Aujourd'hui, Eminem demande tout simplement à ses fans de frapper le chanteur d'Everlast s'ils le croisent. En effet, dans sa chanson *Whitey's Revenge*, dédiée à Eminem, Everlast invite son rival à régler leur différend à main nue. Eminem, préfère donc en appeler à ses fans plutôt que d'aller faire le sale boulot lui-même !

F

Football

Peu après le procès avec sa mère, Eminem a dû affronter un adversaire peu courrant : la National Football League. En effet, la ligue nationale de football, NFL a réalisé des spots de publicité utilisant le slogan *My Name Is*… devenu « My name is… Joe », rendant hommage aux footballeurs Joe Namath, Joe Gibbs, Joe Montana et Joe Greene. Mais la campagne a été rapidement retirée. « Je ne sais pas s'ils veulent m'utiliser » a déclaré Eminem au magazine en ligne *Wall of Sound*, précisant qu'il n'avait vu les spots qu'une seule fois. « Ça m'a juste fait rire. Je riais au téléphone avec mon coach. Je m'en fous. »

Frère

Eminem a un frère ou plus exactement, un demi-frère. Nathan, est né en 1986, est coiffé en blond platine comme lui, et Eminem l'aime tellement qu'il essaie d'en avoir la garde. Le rappeur a également un frère et une sœur, qu'il ne connaît pas, du côté de son père.

g

GLAAD, Gay and Lesbian Anti-Defamation League **L'« Alliance des gays et lesbiennes contre la diffamation »** est parmi les plus fervents détracteurs d'Eminem. Cette association se bat pour défendre la cause de la communauté homosexuelle or, pour Scott Seomin, son porte parole, « les paroles d'Eminem sont les plus anti-gays et les plus haineuses qu'on ait jamais entendues. Nous ne pouvons pas les ignorer. » L'association a notamment dénoncé le duo Eminem-Elton John.

Le 25 mai 2000, deux jours seulement après la sortie de *The Marshall Mathers LP*, le GLAAD a demandé à Interscope Records et à Universal Music Group d'arrêter la production et la promotion de cet album pour encouragement à la violence et à la haine. Après plusieurs protestations concernant le soutien porté par MTV à Eminem, le 9 septembre 2000, le GLAAD et l'Organisation nationale de protestation des femmes s'opposent à l'invitation d'Eminem lors de la cérémonie des Video Music Awards à New York. Mais surtout, le 30 janvier 2001, le GLAAD annonce le « Rally Against Hate », le 21 février dans l'après-midi pour les Grammy Awards. Bon nombre d'associations se joignent à eux.

Grammy Awards **C'est l'un des moments les plus forts** dans la carrière d'Eminem et l'une de ses récompenses les plus significatives. En février 2000, à Los Angeles, il remporte le Grammy Award du meilleur album rap de l'année et celui de la meilleure performance solo pour *My Name Is*. Il était également en lice pour le meilleure groupe (pour son duo avec Dre, *Guilty Conscience*), mais passe à côté du prix. Pourtant, en pleine séance d'enregistrement avec Dre, Eminem ne vient pas chercher son prix et ce sont ses producteurs Jeff et Marky Bass qui viennent prendre les statuettes dorées.

Le 22 février 2001 à Los Angeles, Eminem a pris la vedette de la cérémonie en raflant trois récompenses dont celle du meilleur album de rap pour *The Marshall Mathers LP*, de la meilleure interprétation rap en solo pour *The Real Slim Shady* et le prix du duo pour sa collaboration avec Dr Dre dans *Forgot About Me*. Eminem, cette fois présent à la cérémonie, a tenu à remercier « tous les gens qui ont pu voir, au-delà de la controverse, l'album pour ce qu'il est et pour ce qu'il n'est pas. » C'est lors de cette cérémonie qu'a eu lieu le duo avec Elton John.

Griffin (Katty) **Actrice qui a participé au clip** ***The Real Slim Shady***. « C'était fun de pouvoir frapper Eminem », a-t-elle ironisé, « je pense que ce garçon n'est pas assez battu. Devoir employer quelqu'un pour lui donner des coups sur la tête chaque jour... Il a passé sa journée à se demander comment il rentrerait chez lui. Il est très jeune ».

Groupes

Avant de devenir Eminem en solo, Marshall Bruce fait partie de plusieurs groupes. Son premier groupe de rap s'appelait Bassmint Productions. S'enchaînèrent ensuite Champtown, New Jacks ou encore Soul Intent avec DJ Buttafingas.

Sous ce nom, Eminem enregistre d'ailleurs un single : *Fucking Backstabber / Biterphobia*. Il crée également le groupe D12 (avec Big Proof, Kon Artist, Bizarre, Swift et Conniver). À noter les participations dans *Bad Meet Evil* (avec Royce Da 5'9, un rappeur de Detroit que l'on retrouve d'ailleurs en guest sur *The Slim Shady LP*), The Outsidaz (composé de Pace Won, Young Z, Rah Diggah, Slang Ton (R.I.P.), D.U., Yah Lover, Axe, Az Izz, Bizarre Kid, Denz et DJ Mohammed).

Guerra (John)

Le soir du 3 juin 2000 (suite à l'incident qui l'a opposé à un ami du groupe Insane Clown Posse), Eminem a suivi discrètement Kim au Hot Rocks Club, un bar où elle se rendait. Là, il surprend sa femme en train d'embrasser John Guerra, un videur. Eminem bondit alors sur lui, une arme à la main. Après la bagarre, le vigile appelle la police qui embarque Eminem et Kim.

Ces événements précipitent la séparation du couple. Eminem encoure une peine de cinq ans d'emprisonnement, mais le procureur du comté de Macomb, Carl Marlinga, avait annoncé avant le jugement qu'en échange de la reconnaissance de sa culpabilité, acceptée par le rappeur en février, il ne réclamerait pas plus de six mois, « parce qu'il n'y a pas eu de blessure grave », laissant le verdict à l'appréciation du juge. Le 28 juin 2001, le juge, Antonio Viviano, condamne Eminem à suivre un traitement psychologique, une cure de désintoxication et lui interdit tout port d'arme. Le rappeur a été condamné à payer une amende de 2 500 dollars, 5 000 dollars de frais de justice et 60 dollars au fonds de solidarité local des victimes de crimes. « Tous les cas impliquant des armes sont graves en raison des conséquences désastreuses qu'elles peuvent avoir sur les humains », a noté le juge tout en précisant « dans cette affaire, l'arme n'était pas chargée et il n'y a eu aucun danger réel pour les vies humaines. »

« Le juge m'a traité avec équité, comme n'importe quel autre être humain », a estimé le rappeur après l'annonce du jugement. « Je veux juste laisser tout ça derrière moi, consacrer du temps à ma petite fille et faire de la musique ». La mère d'Eminem, Debbie Mathers-Briggs, qui a poursuivi le rappeur pour diffamation, était présente lors de l'annonce du jugement. « C'était juste pour m'assurer qu'il allait bien. Je ne veux pas qu'il fasse de prison. On peut avoir des divergences, mais on ne cesse jamais d'aimer son fils. » De son côté, Kim déclarera plus tard : « e ne pense pas que quelqu'un de sensé puisse tromper son mari millionnaire. Spécialement avec n'importe qui dans un bar de quartier. »

Guest

Malgré toute son activité, Eminem n'hésite pas à faire le guest sur les albums d'autres artistes. La participation la plus importante de toute reste sur *Forgot About Dre*, dans l'album *Chronic 2001* de Dr. Dre. Dans le titre, on peut également entendre la petite voix d'Hailie-Jade, la fille d'Eminem. Toujours sur le même album, dans le titre *What's the Difference*,

Eminem clame sa loyauté à Dre, en lui offrant ses services s'il a besoin. On retrouve Eminem sur le titre *Fuck Off* de l'album *Devil Without a Cause* de Kid Rock et sur le titre *Misdemeanor* de l'album *Da Real Worum* d'Elliot.

À noter les participations sur le single *ThreeSixtyFive* d'OIWorl-Disorder, sur l'album *Tell Em Why U Madd* de The Madd Rapper, sur l'album *Piecemaker* de Tony Touch, sur *Heavy Beats Volume One* de DJ Spinna et sur *Soundbombing 2*. Eminem a également ajouté quelques vers au remix de *Dead Wrong*, sur l'album posthume de Notorious B.I.G.'s *Born Again*. Avec Dre, il a contribué au titre *If I Get Locked Up Tonite* de l'album *Tunnel* de Funkmaster Flex and Big Kap. Il a également enregistré avec *The Outsidaz*, en jouant le rôle du maire dans le clip du titre *I Declare War*. Eminem a également offert des titres propres dans les albums d'autres artistes : il a donné *Get You Mad* du *Slim Shady LP* pour l'album *This or That* de Sway and Tech. Eminem apparaît également sur leur album *The Anthem*.

Guilty Conscience

Le clip est diffusé pour la première fois pendant un concert. Le concert a eu lieu le 24 mai au Théâtre de l'État de Detroit. Eminem a chanté en *live* durant la diffusion de la vidéo sur écran géant.

h

Haille Jade

La naissance de sa petite fille, la nuit de Noël 1995, a changé beaucoup de choses pour Eminem. Tout d'abord, c'est cette naissance qui le motive pour réaliser son premier album et démarcher les maisons de disques. Ensuite, sa petite fille devient une source de motivation inépuisable pour lui autant qu'un objet de déchirement quand il devra se séparer de sa femme. En 1997, par exemple, le couple se sépare une nouvelle fois, et en accord avec Marshall, Kim décide de lui rendre difficile de voir sa fille.

L'histoire de la chanson *Bonnie and Clyde 97*, est par ailleurs source de conflit dans le couple : Eminem fait apparaître sa fille dans la chanson qui met en scène le meurtre de sa mère. À noter que la petite apparaît également sur la pochette de l'album : elle se tient à côté de son père, sur les docks, et regarde le corps supposé de sa mère qui flotte à la surface de l'eau ! Eminem fait écouter ce titre si particulier à sa femme pas moins de deux semaines après leur remise en couple.

Estimant qu'elle était trop jeune pour comprendre le sens des paroles, il a également fait écouter le titre à sa fille. À noter que l'album *The Slim Shady LP* est dédié à sa fille et que le nom de Hailie Jade est tatoué sur son bras droit.

Hanson (Curtis) **Curtis Hanson est le réalisateur qui signe** les début d'Eminem au cinéma. Il a été révélé au grand public grâce à son film *L.A. Confidential,* avec notamment Russell Crowe, Guy Pearce, Kevin Spacey, Kim Basinger, en 1997, c'est à dire une trentaine d'année après ses débuts. Trois ans après, il sortira *The Wonder Boys* avant de se lancer dans la réalisation du film *8 Mile* avec Eminem.

Hill (Lauryn) **Il a été question qu'Eminem fasse ses débuts** sur grand écran aux côté de l'ex-chanteuse des Fugees. Le projet, antérieur à celui de *8 Mile,* mettait en scène Eminem et Lauryn Hill dans une nouvelle version (la cinquième) d'*Une étoile est née,* se déroulant dans le milieu du R 'n' B actuel.

Hoffman (Dustin) **L'acteur de** *Tootsie*, de *Kramer contre Kramer* ou encore du *Huitième jour,* a tenu à participer à un concert d'Eminem. L'événement s'est déroulé le 8 mai 1999, sur une date de la tournée *The Slim Shady Tour*. L'acteur avait amené ses enfants au concert à la House of Blues de Los Angeles (concert comptant l'apparition de Dre sur le titre *Ain't Nuthin' But a 'G' Thang'*). En allant saluer Eminem en backstage après le concert, il a demandé au rappeur s'il pouvait jouer la momie lors du concert suivant. Le lendemain, à la fin du show, Eminem enleva les bandelettes de la momie laissant apparaître l'acteur américain.

Homosexuel

Eminem a été accusé d'homophobie. En effet dans l'un de ses clips, Eminem empêche deux gays de s'embrasser alors qu'ils sont en train de se marier. Dans le titre *My name is...*, il suggère qu'un prof avait des vues sur le jeune garçon qu'il était. Par ailleurs, des associations de défense de la communauté homosexuelle comme le GLAAD ont noté qu'Eminem n'arrêtait pas d'employer le mot « fagot », c'est-à-dire « pédé », dans ses textes.

De son côté, le rappeur a répondu que l'emploi de ce terme n'avait rien à voir avec une quelconque homophobie. Il emploie ce terme, courant dans le langage de la rue et signifiant « mauviette », sans aucune autre connotation. Pour clore le débat, ou mettre de l'huile sur le feu et entretenir l'ambiguïté de sa provocation, Eminem a fait un duo avec Elton John lors de la cérémonie des Grammy Awards, en février 2001.

I

Ice **(Vanilla)** **C'est le rappeur blanc qui pose avec Madonna** dans son livre *Sex*. Mais surtout, Vanilla Ice est devenu le second rappeur blanc à envahir les charts après les Beastie Boys. Il est l'auteur du succès *Ice Ice Baby*, n°1 des charts en 1990 (grâce notamment à des samples de titres de David Bowie et de Queen), et son album *To the Extrem* a atteint le chiffre de 7 millions d'exemplaires vendus.

Ayant du mal à se forger une crédibilité dans le milieu rap, Vanilla Ice s'est inventé un passé de violent gangster. Par la suite, il tentera de modifier son image pour connaître à nouveau le succès, mais en vain. Eminem est fréquemment comparé à Vanilla Ice. Pourtant, les deux rappeurs ne semblent pas s'apprécier plus que ça. Ice a déclaré à un magasine de rap américain, qu'Eminem « rappe comme une fille » et qu'il n'aimait pas « sa voix grinçante ».

Eminem de son côté, répond aux comparaisons en précisant que « Vanilla Ice n'était pas dans le hip hop. Il ne savait pas ce qu'il y foutait. Il a juste suivi la tendance. » Eminem s'avère également plus virulent envers ceux qui n'aiment pas son rap.

Infinite

Premier album d'Eminem sous ce nom, paru en 1996.

Infinite – WEGO – It's Ok – 313 – Tonite – Maxine – Open Mic – Never 2 Faf – Searchin – Backstabber – Jealousy Woes II

Malgré le flop commercial de cet album, on n'imagine pas assez combien ce premier enregistrement est important pour la carrière d'Eminem. Même si tout le monde, y compris lui-même, reconnaît aujourd'hui, qu'il s'agissait d'un premier tir pas très concluant, une sorte d'album brouillon de tout ce qui allait venir ensuite, *Infinite* marque un tournant dans la carrière d'Eminem. Tout, par la suite, sera fait, écrit, composé en fonction des réactions – souvent négatives – que ce premier opus a déclenché.

La genèse de cet album commence en fait le 25 décembre 1995. Sacré cadeau de Noël pour Eminem, sa compagne, Kim, met alors au monde une petite fille prénommé Hailie Jade. Alors qu'il balbutie dans le monde du rap, Eminem prend conscience qu'il faut qu'il donne un coup de rein à sa carrière. Il a une bouche de plus à nourrir ! Une urgence vitale qui le décide à sortir un disque. En moins d'un an, Eminem enregistre donc son premier album, produit alors par Denine Porter, membre des D12, et signé sur un label local du nom de Web Entertainment. L'album *Infinite* est un échec, mais il apporte à Eminem un début de reconnaissance sur la scène rap local de Detroit, son titre *Searchin* passera notamment sur une radio (WCHB). Un an après la naissance de sa fille, Eminem est au plus bas : échec de l'album mais également licenciement du Gilbert's Lounge où il travaillait alors.

En décembre 1996, il tente de se suicider ! Un passage à vide qui va donner à Eminem toute sa hargne et un esprit de vengeance qui l'aidera à se relever.

Les titres de cet album dénotent déjà de l'importance des textes dans l'œuvre d'Eminem, des textes tirés de ses expériences propres. *It's OK* et *Never 2 Far* sont très autobiographiques, l'un sur la violence qu'a connu Eminem dans son enfance, l'autre sur ses conditions de vie alors. *Open Mic* revient sur les compétition de freestyle du Hip Hop Shop. *Maxine* est l'histoire d'un couple confronté au Sida. Début 1997, le rappeur reprend la route, les concours de freestyle et les performances dans des radios. Bref, il cultive le terrain sur lequel il explosera bientôt.

Influences

Le premier morceau de rap avec lequel Eminem découvre le rap est *Reckless*, un morceau d'Ice T, présent sur la compilation *Breakin'* que lui fait écouter son oncle Ronnie Polkinghorn. Ensuite, il se plonge dans la culture hip hop grâce aux albums de Run DMC, LL Cool J, Fat Boys ou encore les rappeurs blancs Beastie Boys, sans compter Big Daddy Kane, NWA (le groupe de Dre) et Tupac Shakur.

Insane Clown Posse

Initialement appelé Inner City Posse, en 1989, ce groupe de rap-metal est devenu un duo en 1991, uniquement composé de Shaggy Two Dope et Violent J. En 1992, ils sortent *Carnival of Carnage* avant l'album polémique *The Great Milenko*, en 1997. Le 3 juin 2000, Eminem croise Douglas Dail, un proche du groupe américain Insane Clown Posse, qui l'ont appelé « Slim Anus » (petit anus, une insulte en référence également à Slim Shady) dans une chanson qui raconte qu'il a des rapports sexuels avec Dr Dre.

Pour Eminem, Insane Clown Posse sont de faux rappeurs blancs. « Parce que je suis blanc, ils essaient de s'en prendre à moi. Je ne les aime pas, je les trouve nuls, alors ils ne m'aiment pas non plus. Mais c'est de la merde. Il y en a un qui a dit quelque chose sur ma fille, alors quand je le verrai, ça va être moche. Très moche. » Même si Eminem avait déjà répondu en chanson, en les insultant sur *Silent Gay* et *Faggot 2 Doppe*, ce jour-là, le 3 juin 2000, il menace son détracteur avec un 9 mm Smith & Wesson. Dans l'après-midi qui suit l'incident, la police perquisitionne au domicile d'Eminem et l'inculpe de port d'arme dissimulé et de brandissement d'arme en public. En juillet 2001, Eminem sera condamné à un an de liberté surveillée et une amende de 2 300 dollars (1 962 euros) pour cette altercation.

Italie

Début 2001, Eminem est *persona non grata* en Italie : comme dans d'autres pays, la tournée d'Eminem suscite également l'émoi au pays de Berlusconi. En février, Eminem doit se produire au festival de la chanson italienne de San Remo. C'est l'occasion pour les associations catholiques et homosexuelles de dénoncer de concert la provocation du rappeur. Le parquet de San Remo a même demandé à la télévision publique Rai, sur laquelle Eminem devait se produire, de connaître au préalable le texte que le rappeur allait chanter en direct.

J

Jason

Il porte un masque blanc et n'attire pas forcément la sympathie, Jason Voorhes est le tueur psychopathe héros du film et de la série *Vendredi 13*. Lors de ses concerts, Eminem arrive sur scène en arborant le masque de ce personnage. Il ouvre également ses concerts une tronçonneuse à la main, comme dans les films d'horreur de série Z.

Job

Avant de commencer ses enregistrements, Eminem a écumé les petits jobs, du service en salle au nettoyage. Eminem a notamment travaillé comme serveur dans le quartier St Clair Shores de Detroit, au Gilbert's Lounge. Un restaurant qui se sert aujourd'hui, au grand dam d'Eminem, du passage du rappeur dans ses murs, pour sa publicité.

John (Elton)

Sir Elton John, pop star anglaise et homosexuel notoire, a lancé un pavé dans la marre en faisant un duo avec Eminem lors de la cérémonie des Grammy Awards, le 21 février 2001. Les deux hommes ont repris le titre *Stan* d'Eminem. L'Alliance des gays et lesbiennes contre la diffamation, le GLAAD, a dénoncé cette alliance choc : « Qu'Elton John se produise sur scène avec Eminem est, pour nous, ahurissant. Eminem crée un climat de violence et d'intolérance. » Elton John a répondu par un billet dans le Los Angeles Time : « En tant qu'artiste gay (...), je pense qu'il y a plus d'humour qu'on ne le croit dans cet album. »

De son côté, Boy George (ancien membre de Culture Club), a également critiqué l'attitude d'Elton John : « Je pense qu'Elton John chanterait même avec du papier toilette s'il pensait que ça pouvait lui faire de la publicité ». La morale de l'histoire, c'est qu'un duo, en musique, permet toujours de faire parler des deux protagonistes !

Jugement

C'est en citant des paroles de la chanson *The Real Slim Shady* (« Don't misstep, don't fall down. Now it's time to please stand up », c'est-à-dire « Ne trébuchez pas, ne tombez pas, il est maintenant temps de vous lever s'il vous plaît. ») que la juge Denise Langford a rendu son jugement dans l'affaire de Douglas Dail (du groupe Insane Clown Posse) le 10 juillet 2001.

Eminem, qui risquait cinq ans de prison ferme, n'écope finalement que d'un an de liberté surveillé et 2300 dollars (1962 euros) d'amende (il n'avait visé personne et l'arme n'était pas chargée). Eminem devra également faire une action d'intérêt collective ayant « un impact positif sur les jeunes ». Par ailleurs, la juge a précisé qu'elle avait reçu de nombreuses lettres proposant différentes manières de punir Eminem. La plus étonnante : lui laver la bouche avec du savon.

K

Kresin (Betty) **Quand la grand-mère s'en mêle...** Betty Kresin est la grand-mère maternelle d'Eminem et, avant de lui intenter un procès (pour le sample d'un morceau de son fils, *Ronnie Polkinghorn*), elle a soutenu Eminem. En septembre 2001, Kresin Betty s'en est pris à sa fille, Debbie Mathers-Briggs (la mère d'Eminem). Elle a fait savoir que si sa fille ne mettait pas fin à ses poursuites à l'encontre d'Eminem, elle pourrait la tuer elle-même, quitte à se retrouver derrière les barreaux.

« Je suis allée voir ma fille et je lui ai dit : si tu ne retires pas ta plainte contre ton fils, je viendrais te chercher dans ta maison, je te roulerais dessus, et je me retrouverais en prison. Comment peux-tu faire cela à ton propre fils ? Ce gosse n'a rien fait à personne. Il a eu une enfance très difficile. Ma fille a souvent déménagé dans sa vie et a eu de nombreux petits copains. Debbie n'est pas la meilleure des mères ! »

L

Lazarus **Les producteurs de cinéma ont trouvé un héros parfait** – et un succès médiatique quasi-assuré – en la personne d'Eminem. Aussi, les rumeurs et les projets se sont multipliés. *The Crow 4 : Lazarus* a fait partie de ceux-là. En mai 2001, les producteurs auraient offerts quatre millions de dollars à Eminem pour qu'il participe, avec le rappeur DMX, au film *Lazarus*, produit par Fubu Films. Eminem aurait joué le rôle du méchant. Pour l'instant, le projet n'est plus d'actualité.

Levi's **Eminem aimerait lancer sa ligne de vêtements.** Pour ça, il aurait rencontré la compagnie de jeans Levi's pour établir une collaboration. En effet, Eminem ne veut pas seulement accoler son nom à une collection, il souhaite s'impliquer notamment en contribuant au design de la marque et en apparaissant dans les spots de publicité.

Limp Bizkit **Dans la veine de groupes comme Korn**, Limp Bizkit est un groupe de rap-metal en vogue aux États-Unis. Le groupe est mené par le chanteur Fred Durst et est composé du guitariste Wes Borland, du bassiste Sam Rivers, du batteur John

Otto et de DJ Lethal au mix. Leur dernier album en date, *Chocolate Starfish And the Hot Dog Flavored Water*, date de 2001. Dans son titre *The Real Slim Shady*, Eminem décrivait une supposée relation entre Fred Durst, le chanteur du groupe et Christina Aguilera. Complice, Fred Durst apparaît même dans le clip de la chanson. Eminem s'en prend également au groupe Limp Bizkit dans le morceau caché *Girls*, du premier album de D12.

Lopez (Jennifer)

Actrice et chanteuse portoricaine, Jennifer Lopez est l'une des cibles d'Eminem… Lors de son différent avec Christina Aguilera, Eminem ne s'est pas caché de préférer largement la « bomba latina », « s'il devait se taper une actrice-chanteuse sexy ». La chanteuse portoricaine était alors en couple avec le rappeur Puff Daddy (Sean Combs) à qui Eminem a adressé des excuses.

Lors d'une conférence de presse, Puff Daddy a précisé qu'Eminem l'avait appelé pour lui expliquer le sens de la chanson : « Nous comprenons tous les deux que c'est du hip hop », a précisé Puff Daddy. « C'est de l'amusement, ce n'est pas personnel et donc, ça ne me pose aucun problème. Chaque homme est autorisé à fantasmer… C'est juste un disque, ce n'est pas la réalité. »

Lovine (Jimmy)

C'est l'un des patrons du label Interscope chez qui Eminem a sorti ses albums. Lors d'un concours de freestyle (les Olympiades du rap), c'est un associé de Jimmy Lovine qui repère Eminem. Lovine transmet alors la cassette du premier disque d'Eminem, Infinite, à Dre dont il distribue le label Aftermath. On décide d'ajouter quelques morceaux à la version originale de *The Slim Shady EP*, notamment un certain *My Name Is*... L'album est alors rebaptisé *The Slim Shady LP* et sort chez Aftermath en 1999.

M

Madonna

Grande provocatrice en son temps, il eut été étonnant que la madonne se prononce contre le phénomène Eminem. Après lui avoir demandé son avis sur le rappeur, la rédaction du *Los Angeles Times*, a reçu une lettre de la reine de la pop signée Madame Ritchie.

Voici ce qu'elle écrit : « Quel est le problème avec Eminem ? Depuis quand un langage vulgaire est-il une cause d'impopularité ? Je trouve le langage de George W. Bush bien plus choquant. J'aime le fait qu'Eminem soit agressif, en colère et politiquement incorrect. Au moins, il a une opinion. Il provoque des discussions, il fait réagir les gens. Il reflète ce qu'est la société de nos jours. C'est ce que l'art est supposé faire. »

Marilyn Manson

Marilyn Manson fait partie du même label qu'Eminem, Interscope. Mais les similitudes ne s'arrêtent pas là. Formé en 1992, le groupe Marilyn Manson, avec le chanteur Marilyn Manson à sa tête, s'est fait connaître par son album *Antichrist Superstar*, en 1996. Avec son allure de revenant gothique, Marilyn Manson n'hésite pas à être plus virulent qu'Eminem dans ses propos (il n'hésite pas à déchirer la Bible en concert) et surtout à afficher un look beaucoup plus gore et plus effrayant (il lui arrive de se taillader le torse sur scène). On a beaucoup parlé de Marilyn Manson au moment d'un massacre dans l'université de Columbine aux États Unis : deux supposés fans du groupe ont tué des élèves en leur tirant dessus. Un événement qui a posé la question de la responsabilité de Marilyn Manson et de l'impact d'un rock aussi hardcore que le sien.

Eminem se sert d'ailleurs de l'événement pour en faire une chanson : dans *I'm Back*, le rappeur défend les deux adolescents tueurs, se prenant pour leur mentor. Il arrive à Marilyn Manson de faire des apparitions lors des concerts d'Eminem. Par ailleurs, il a été question d'un duo entre Marilyn Manson et Eminem, sur une nouvelle version de *Bonnie and Clyde 97*. Mais une séquence du clip *My Name Is*, parodiant Manson, n'a pas plus à l'intéressé. Le titre a quand même été achevé par Eminem, sous le nom de *Hitch So Wrong*, mais sans la participation de Manson.

Mathers-Briggs (Debbie)

Il s'agit de la mère d'Eminem. On a bien l'impression que la mère d'Eminem essaie de profiter du succès de son fiston comme elle le peut. Il faut dire que leurs rapports ont l'air pour le moins tumultueux. Selon Eminem, sa haine envers sa mère a commencé le jour où elle lui avait confisqué son vélo pour le punir d'avoir mis un cochon d'Inde dans le four à micro-ondes.

Le 10 septembre 1999, devant la juridiction de Mount Clemens, Michigan (dans le conté de Macomb) elle a engagé contre lui un procès pour calomnie, lui réclamant pas moins de 10 millions de dollars. Si dans son titre *My Name Is*, il précise avoir découvert que sa mère se droguait plus que lui, c'est surtout pour propos diffamatoires dans la presse (magazine *Rolling Stone* et sur une radio) qu'elle l'attaque. Son avocat propose alors au rappeur la somme de 2 millions de dollars pour abandonner les poursuites, ce qu'Eminem refusera. Le 15 novembre 1999, le manager d'Eminem intente un procès pour débouter Mathers-Briggs de sa requête.

En août 2000, Debbie réclame cette fois un million de dollars suite à une interview donnée par Eminem dans laquelle il précise qu'elle prenait des tranquillisants et qu'elle essayait de se faire de l'argent sur son dos, via les procès en diffamation. Le 15 septembre 2000, Eminem fait une déposition sous serment de trois heures contre sa mère, une déclaration qui lui permet de remporter le procès. Paul Rosenberg, avocat et associé d'Eminem a déclaré que « la vie d'Eminem est traduite dans sa musique. Tout ce qu'il a dit peut être vérifié comme étant vrai. La vérité est la défense absolue face à une plainte en diffamation. »
La mère d'Eminem a annoncé le 28 novembre 2000 qu'elle enregistrait un disque intitulé *Dear Marshall* qui serait une lettre ouverte à son fils. De son côté, dans le film *8 Mile* qui devrait sortir au cours de l'été 2000 au États-Unis et qui reflète la vie d'Eminem, le rappeur chante « Mama, I'm sorry, I didn't mean to hurt you. » Eminem a donc l'air d'expliquer qu'il est désolé, et qu'il n'a jamais voulu faire de mal à sa mère. Mais un proche d'Eminem rapporte que la chanson évoque plus l'esprit du personnage du film que celui de Marshall Mathers lui-même.

Mathers-Scott
(Kimberly, dite Kim)

À plusieurs reprises, Kim a joué un rôle prépondérant dans la carrière d'Eminem. C'est au lycée que Marshall rencontre Kimberly. Il la connaît donc depuis longtemps quand elle donne naissance à leur petite fille, Hailie Jade, le 25 décembre 1995. Mais leur relation ne sera pas linéaire. De nombreuses fois, elle quitte leur appartement pour se rendre chez ses parents.

Fin 1996, elle lui interdit même de voir sa fille, il tente de se suicider. Quelques années plus tard, en juin 1999, ils se marient. Suite à l'affaire du Hot Rocks Club, où Kim est surprise par Eminem en train d'embrasser un vigile, il demande le divorce. Elle intente une action en diffamation pour les paroles de la chanson *Kim* (Eminem détaille comment il tue sa femme avant de la dépecer). Puis le succès de *The Marshall Mathers LP* ramène temporairement le calme dans leur relation.

Mais au cours d'un concert de la tournée de l'été 2000 d'Eminem, auquel Kim assiste, Eminem donne à son habituelle poupée gonflable le nom de Kim, à qui il fait faire une fellation avant de s'en débarrasser en la jetant dans le public. Suite à l'événement, Kim tente de se suicider. En juin 2001, le divorce est prononcé : Eminem et sa femme concluent un accord prévoyant la garde partagée de leur fille âgée de cinq ans. Voici comment Eminem résume leur relation : « On se tape dessus, on se déteste, puis la minute d'après on baise comme des cons. Des fois, j'ai vraiment envie de la tuer, de la mettre en pièces. »

Mel C. **On la surnommait Sporty Spice** dans les Spice Girls (groupe non séparé officiellement), depuis, on a bien l'impression qu'elle cherche tous les moyens possibles pour refaire parler d'elle. La plus sportive des filles épicées ne cache donc pas son admiration pour Eminem et le fait qu'elle aimerait bien enregistrer un duo avec lui.

« J'adorerais travailler avec Eminem, je pense qu'il est grand. Bien sûr, certaines de ses paroles sont très discutables, mais je l'admire en tant qu'artiste... Ce serait une collaboration intéressante. » De son côté, Eminem n'a donné aucun accord pour réaliser une telle opération, d'autant qu'il a fait savoir récemment qu'il trouvait les Spice Girls désormais laides et grosses !

Meurtre **Dans *The Marshall Mathers LP*,** Eminem n'épargne même pas Dr Dre, son producteur. Dans *The Real Slim Shady*, le rappeur annonce avoir tué Dre et verrouillé son corps dans son sous-sol. Dans le clip, Eminem ouvre un frigo contenant une boîte de lait sur laquelle une photo de Dre est surmonté du terme « Missing ». « Il a été cool et il a ri » a précisé Eminem, « je pense que je l'ai tué deux ou trois fois sur ce disque. J'ai tué ma fille, j'ai tué Dre... je pense que je vous tue tous, sur cet album. »

Michael Jackson **Eminem a fait partie de la liste** des invités au concert-anniversaire de Michael Jackson en septembre 2001 au Madison Square Garden.

Millénaire

Fin 1999, Eminem a fêté le passage au nouveau millénaire en se produisant au Tunnel, un club de New York. Les habitués ont notamment pu entendre *If I Get Locked Up* (sa contribution au premier album de Funkmaster Flex et Big Kap), *Forgot About Dre* et *Dead Wrong*, un texte de Notorious BIG. Après le show, Eminem et ses amis se sont rendus au Chaos, un club de Manhattan.

Mots

L'une des caractéristiques des textes d'Eminem vient de la nature des termes qu'il emploie. En effet, en ce qui le concerne, on parle d'un flow de « four letters words », des mots de quatre lettres. Or cette méthode d'écriture est d'ordinaire celle utilisée par le *gangsta rap*.

MP3

Eminem protège ses intérêts : le rappeur a dénoncé les téléchargements illégaux de ses titres en MP3 sur des sites comme Napster, rejoignant ainsi son producteur Dr Dre.

MTV Awards

Lors de la cérémonie des MTV Vidéo Awards qui se déroulait le 9 Septembre 1999, Eminem a gagné trois récompenses. Aux MTV Awards 2000, Eminem a raflé deux récompenses : celle du meilleur vidéo-clip masculin et meilleur clip de l'année. La cérémonie avait lieu le 7 septembre 2000, au Radio City Music Hall de New York et une association de défense de la communauté homosexuelle avait demandé aux MTV de boycotter Eminem. Mais la chaîne de télévision musicale a refusé de se soumettre à cette demande. Ce qui a fait dire à Eminem, lors de la cérémonie que : « Chaque fois qu'une polémique éclate à propos d'une de mes chansons, mes disques se vendent mieux. Alors merci beaucoup. »

Murphy (Brittany)

Actrice du film *Don't Say a Word*, elle est la partenaire d'Eminem dans son premier film, *8 Mile*. Elle est tombé sous le charme de son jeu d'acteur, et même plus… « Lors de la première répétition, nous sommes arrivés avec le même tee-shirt. Ça a permis de briser la glace. Nous avons une scène d'amour et je pense qu'il a aussi peur que moi de la tourner ».

Quant à ses textes de chansons : « Je ne pense pas que ce soit bien de prendre des paroles de ses chansons et d'en conclure que ça résume sa personnalité. Avant d'accepter le rôle, j'ai parlé à des copains homosexuels. Certains sont de grands fans d'Eminem. Je pense qu'on ne le comprend pas. »

My Name Is

Titre le plus connu de la discographie d'Eminem, *My Name Is* a été écrite pour générer la controverse. Eminem ouvre le titre par « Bonjour les enfants, vous aimez la violence ? », exprime son désir de « se faire » une Spice Girl, clame qu'il a violé Pamela Lee et il insulte sa prof d'anglais. Il révèle également que sa mère prend plus de drogue que lui. Et pourtant, Eminem a écrit ce titre en un éclair et aujourd'hui, il en parle comme d'un « rap chewing-gum », précisant qu'il ne referait pas ce genre de chanson.

n

« No to Eminem » **Campagne du principal groupe de lutte** contre la violence domestique au Grammy Awards du 21 février 2001. Michael Green, le président de la National Academy of Recording Arts and Sciences, qui a reçu de nombreuses lettres de protestation quant à la nomination d'Eminem dans la course aux prix, a qualifié l'album de « répugnant » mais aussi de « remarquable ».

De nombreuses associations d'homosexuels et de féministes ont manifesté à l'extérieur du Staples Center, où se déroulait la cérémonie.

Nouvelle-Zélande **Les autorités du pays** ont interdit la vente de l'album *The Marshall Mathers LP* aux mineurs. Et c'est du sérieux puisque les disquaires qui enfreindraient la loi s'exposent à des sanctions pouvant aller jusqu'à trois mois de prison.

NWA **Niggaz With Attitude est l'un des groupes** fondateurs du rap, crée par Dr Dre, et qui a été une référence pour Marshall Mathers. Ce groupe est composé de DJ Yella, Eazy-E, Mc Ren, Dr Dre et surtout Ice

Cube. À la fin des années 1980, le FBI s'intéresse de près au groupe après leur appel à la violence à travers un titre *Fuck the Police*. Petit à petit, les membres du groupe se lancent dans une carrière solo, laissant tomber la formation initiale NWA : Ice Cube, tout d'abord, puis Dre suivi par les autres membres du groupe.

O

Objet perdu **Le 27 octobre 2000, Eminem** a perdu un carnet sur lequel se trouvaient ses compositions dont beaucoup de textes du futur album de D12. Le rappeur a égaré le carnet dans un avion entre Cincinnati et La Nouvelle-Orléans. À noter que ce journal intime est orné d'une photo de Britney Spears. Comprenne qui pourra !

P

Paroles **Le livret des CD d'Eminem** ne contiennent pas les paroles de ses chansons. Pour mieux se rendre compte des raisons du tollé qu'elles suscitent voici quelques détails et extraits les plus significatifs.

Dans Kill You, il n'hésite pas à relater le viol de sa mère : « (Ahhh !) Baisse tes mains chienne, je vais pas te tuer, je vais prendre de cette balle, et la faire passer à travers toi. Gerbe la salope, tu fous trop le bordel. Penche-toi et reçoit comme une salope, ok Mam ? » Dans Still Don't Give a Fuck de l'album The Slim Shady LP, Eminem se moque de tout le monde : « Pour toute l'herbe que j'ai fumé, ce pétard vous est destiné. À tous les gens que j'ai offensé, allez vous faire voir, à tous les amis que j'ai eu, je regrette ce temps révolu, mais tous les autres peuvent embrasser mon cul ! »

Dans Guilty Conscience, Eminem joue la mauvaise conscience des gens et les pousse à commettre des actes atroces. « Au fait, pendant que tu l'embrassais et que tu faisais baver son rouge à lèvre partout, j'ai insidieusement glissé ça dans son verre. Titille l'oreille de cette pute, c'est tout ce qu'il te reste à faire… Cette fille n'a que quinze ans, tu ne devrais pas abuser de cette enfant ! Mate un peu sa touffe… Est-elle au moins fournie ? Nique cette salope tout de suite et avec insistance jusqu'à ce qu'elle en perde connaissance. Et oublie même comment elle a fini ici. »

Pauvreté

Alors qu'Eminem est petit, sa mère, au chômage, fait vivre la famille – sans père– grâce aux prestations sociales. Le petit Marshall Bruce se souvient qu'il devait cacher les rations de l'aide sociale quand des amis venaient chez lui. Une situation économique à laquelle se rajoutaient les expulsions chroniques : « Nous ne sommes jamais restés plus de six mois dans le même appartement » se souvient Eminem. « Le pire fut un appartement dans une grande maison de Detroit où cinq familles vivaient dans des pièces différentes. Les copains du petit ami de ma mère se pointaient tout le temps pour s'éclater. C'était horrible. »

Père

Eminem n'a jamais connu son père, Marshall Mathers Junior, puisque ce dernier a quitté le domicile conjugal environ onze mois après sa naissance, pour partir en Californie. Adolescent, Eminem lui aurait écrit attendant des réponses en vain puisque les lettres lui étaient retournées non décachetées. Tout récemment, le père d'Eminem a fait son apparition. L'homme a fait savoir qu'il aimait son fils et qu'il n'était absolument pas intéressé par son argent : « Je veux qu'il sache que je serais toujours là pour lui s'il veut que je revienne dans sa vie ». « Je ne sais rien de mon père et je m'en fiche », a répondu Eminem précisant qu'il ne souhaitait pas pardonner à son père, même si son appel était vraiment désintéressé.

Personnages

Pour s'y retrouver un peu entre les différentes identités d'Eminem-Marshall Mathers-Slim Shady, voici la définition de ses visages par Eminem lui-même : « Marshall est un mec carré et honnête, Eminem est un type sympa et Slim un enculé. »

Piratage

Quelques mois avant la sortie dans les bacs de *The Marshall Mathers LP*, la curiosité entourant l'album s'est faite plus forte. À tel point qu'un album d'Eminem intitulé *Fucking Yzarc* – comprenant de nombreux guests et des inédits – a circulé dans des réseaux *underground* et sur Internet. Ainsi, les fans ont pu écouter le titre *Kim*, du nouvel album, plusieurs mois avant sa sortie. Du coup, Eminem a poussé une grosse colère, a commencé à se méfier et à faire attention à ses affaires. « Quelques salauds ont déjà téléchargé mon titre sur Internet. Alors j'ai juste dit : "plus de bande, plus de CD ou autre chose ne sortent du studio." » Pourtant, *The Real Slim Shady*, le premier single de *The Marshall Mathers LP*, mis en radio le 21 avril 2000, circulait sur Internet bien avant sa sortie. Ce qui a poussé la maison de disque, Interscope, à avancer la sortie de l'album d'une semaine.

Pochette

La pochette originale de *The Slim Shady EP*, était une photo serrée du postérieur de l'artiste, en réponse à ceux qui ont rejeté l'album précédent, *Infinite*. Elle a été changée pour une image plus classique d'Eminem devant un miroir.

Polémiques **Les ventes des albums d'Eminem** doivent sûrement une part de leur record au phénomène médiatique accompagnant le rappeur. De nombreuses voix s'élevèrent rapidement contre l'univers d'Eminem.

À commencer par le rédacteur en chef du magazine américain *Billboard*, Timothy White qui reprocha à Eminem de se « faire de l'argent sur le dos de la misère du monde ». Ensuite, de nombreuses associations féministes ou parentales dénoncèrent l'outrage à la bonne morale. Voici quelques explications d'Eminem : « À la fin de chaque journée, je ne me demande pas ce que j'ai écrit aujourd'hui. Je ne me suis juste amusé, amusé de ce monde de merde. »

Polkinghorn (Ronnie) **L'oncle d'Eminem (le petit frère de sa mère)** a eu une importance capitale dans la carrière d'Eminem : c'est lui qui lui a fait découvrir le rap, à neuf ans, grâce à un morceau d'Ice T issu de la compilation *Breakin' : Reckless*. Alors que le jeune Marshall n'a pas beaucoup de compagnons parmi ses camarades de classe, il développe une grande amitié avec son oncle Ronnie Polkinghorn qui n'a que quelques mois de plus que lui.

Ensemble, ils partagent la passion du rap, Ronnie pratiquant lui-même grâce à un petit home-studio. Ils écoutent de nombreux groupes comme Run-DMC, les Beastie Boys et LL Cool J. Mais Ronnie Polkinghorn se suicide le 13 décembre 1993 et Marshall est bouleversé. Il ne parle pas pendant plusieurs jours et s'arrête de rapper pendant presque une année. Eminem ne pourra même pas assister à ses funérailles. Aujourd'hui, Eminem parle de lui comme d'un grand frère.

En 1999, Eminem veut rendre hommage à son oncle en samplant l'un de ses morceaux (un extrait d'une cassette qu'il a retrouvé). Eminem demande donc à sa grand-mère, Betty Kresin, l'autorisation d'utiliser quarante-cinq secondes du morceau de Ronnie. Tout d'abord d'accord, elle décide de se rétracter dans un deuxième temps, menaçant de poursuivre Eminem s'il utilisait le morceau. « Il a changé, il n'est plus le même, il est mauvais. Quand il me parle, il est désagréable et irrespectueux. Je ne sais pas ce qui a changé en lui, précise la grand-mère. Je ne laisserai pas mon petit-fils détruire mon fils disparu. C'est un garçon amer avec des chansons tristes qui veut uniquement se faire connaître. Ronnie était une personne pieuse. »

Après avoir insisté sur le fait qu'il voulait sampler le morceau avant tout pour rendre hommage à son oncle, Eminem a annoncé qu'il passerait outre les volontés de sa grand-mère et qu'il utiliserait l'échantillon comme il le voudrait. « Nous avons grandi comme des frères. J'ai aimé Ronnie. J'ai un tatouage de Ronnie sur mon bras. Je veux lui rendre hommage. Et je laisse le public décider lui-même, quelque soit la bêtise de sa famille. » Et de conclure : « Ma famille n'a jamais été là pour moi. Ils s'attendent à des choses parce que nous sommes du même sang. »

Pop **Vu le succès de** *The Real Marshall Mather LP*, Eminem s'est retrouvé dans les charts mondiaux aux côtés des stars de la pop pour teenager qu'il critique.

« La pop mondiale est bébête » observe-t-il, « c'est juste, mettre le maximum de mots tels que "c'est déchirant", "tu brises mon cœur" ou "l'amour nous porte". C'est ridicule, c'est répétitif et ça me porte sur les nerfs. »

Pornographie

Après le film autobiographique *8 Mile*, Eminem se verrait bien poursuivre sa carrière d'acteur dans un genre bien différent. En effet, le rappeur a déclaré son intérêt pour une carrière pornographique. Eminem fait déjà preuve d'une imagination fertile puisque poursuivant son désir de vengeance déjà exprimé dans *The Slim Shady LP*, il imagine déjà un film intitulé « Un jour dans la vie de Slim Shady » dont le concept serait : « je baiserais toutes les filles qui me désirent. »

Poupées

Adepte des poupées gonflables sur scène, Eminem a désormais également ses poupées… mais pas gonflables. Une firme de jouets a commercialisé deux poupées à l'image d'Eminem. Celles-ci ne parlent pas, ne chantent pas, ne se battent pas. Mais l'une d'elle tient une tronçonneuse dans ses mains. Un comité de parents américain a demandé le retrait des deux poupées. L'artiste touche 3,05 euros sur chaque poupée vendu environ 45,73 euros. Cent milles exemplaires ont été mis en rayon en Angleterre.

Prix

À la fin 1999, *The Slim Shady LP* est certifié triple-platine. C'est également l'année où Eminem rafle de nombreuses récompenses. Voici une série de cérémonies où l'on a pu voir Eminem. Le 23 avril 1999, il décroche le Detroit Music Award, au Motor City's State Theatre. Eminem remporte les prix du meilleur MC, celui du meilleur artiste hip hop et son album *The Slim Shady EP* remporte le prix du meilleur album rap de l'année. Lors de la remise des prix du magazine *The Source*, qui se déroulent à Los Angeles, le 18 août, Eminem remporte le prix de la révélation de l'année. Le 7 octobre, Eminem a joué avec The Offspring, No Doubt, Cypress Hill et Chris Isaak lors de la cérémonie des Online Music Awards, à Los Angeles, désignant les meilleurs sites. Le mois suivant, Eminem, Dre et Philip Atwell remportèrent le Bilboards Music Vidéo Awards, pour le clip *Guilty Conscience*. Enfin, le 17 Janvier 2000, Dre et Eminem font un duo aux American Music Awards 1999 à Los Angeles : *Marshall Mather LP* arrive en tête des listes d'albums préférés des critiques. Par ailleurs, les critiques de *Rolling Stone* ont nommé Eminem « meilleur nouvel artiste de l'année », alors que *USA Today* citait son album comme l'un des dix meilleurs de l'année.

Public

La force d'Eminem est d'avoir amené de nombreux jeunes, a priori étrangers à la culture hip hop, à écouter du rap. En effet, la controverse soulevée par Eminem et les medias a fait que bon nombre de ses auditeurs sont des fans blancs de pop musique. Mais Eminem ne renie aucun public : « vous ne pouvez pas contrôler qui vous aime. Si des fans des Backstreet Boys m'écoutent, qu'est-ce que je suis censé faire ? Les jeter ? Qu'importe qui aime ma musique. Mais sachez bien que Slim Shady, c'est du hip hop. J'ai grandi dans le hip hop, c'est la musique que j'aime, c'est la musique que je respecte. Je respecte cette culture. »

R

Reconnaissance **Blanc et novice, il n'a pas été simple pour Eminem** de se faire une place et surtout une reconnaissance dans le milieu rap américain. Mais Eminem avait pour lui les qualités de son *flow* (façon d'exprimer ses paroles) et surtout la caution de Dr. Dre, maître et l'un des fondateurs du hip hop américain.

Ainsi, les rumeurs de voir surgir un nouveau Vanilla Ice ont vite été dissipées. En outre, Eminem a apporté une touche très personnelle à travers des thèmes inhabituels dans le rap américain : meurtres, viols et mises en scène macabres (en général réservés au rock hardcore) mais aussi humour et fantaisie. Bref, un mélange étonnant et détonnant qui a finalement permis à Eminem d'être reconnu dans un milieu réputé difficile.

Record **À sa sortie**, *The Slim Shady LP* entre directement à la deuxième place du Bilboard, vendant 480 000 copies dans les deux premières semaines. En mai 1999, l'album s'est déjà écoulé à deux millions d'exemplaires, il est certifié double platine. Et à la fin de l'année 1999, *The Slim Shady LP*, passe la barre des trois millions ! Un signe : Eminem s'affiche en couverture du magazine *Rolling Stone* en avril. Pour son troisième album, Eminem a établi la seconde plus grosse vente de disques en sept jours aux États-Unis, en écoulant 1 760 000 exemplaires de son *Marshall Mathers LP* (seul N'Sync avait fait mieux en vendant 2,4 millions de disques en une semaine). Mais la force du record tient au fait qu'Eminem a tenu le rythme en écoulant trois millions d'albums en trois semaines !

Du coup, l'album *The Marshall Mathers LP* s'affiche comme la meilleure vente mondiale de l'année 2000, avec plus de quatorze millions d'exemplaires. Ce disque s'est vendu à plus de 600 000 exemplaires en France, et les singles *The Real Slim Shady* et *Stan* à respectivement 420 000 et 500 000 exemplaires. À noter enfin, qu'un million et demi d'albums se sont arrachés en Grande-Bretagne, où les billets des deux dates londoniennes d'Eminem aux Docklands se sont vendus en deux heures !

Révélation **C'est à l'âge de neuf ans qu'Eminem** découvre le hip hop, notamment en écoutant Ice-T. C'est ensuite son oncle, Ronnie, qui complétera sa culture rap. Depuis, on le sait, la passion ne l'a jamais quitté.

Rosenberg (Paul) **Il est à la fois le manager et l'avocat d'Eminem.** On le retrouve sur l'album *The Slim Shady* LP, à travers un message « vocodorisé » demandant de « baisser un peu le volume ! »

S

Sale **Les organisateurs des Grammy Awards**, plutôt habitués aux frasques particulières des stars, ont failli intenter un procès à Eminem. En effet, après le show, ils ont récupéré la loge d'Eminem dans un état un peu particulier : avant d'entrer sur scène, pris d'un accès de violence, il a retourné le canapé puis a recouvert les murs de moutarde et de ketchup sans raison apparente.

Shady Records **Fort de son succès, Eminem a monté son propre label** en septembre 1999 (ouverture officielle à New York en janvier 2000). Conformément à ce qu'il a toujours dit, sa volonté est d'aider ses petits camarades des débuts : un label étant le meilleur moyen pour produire les albums des autres. Après sa tournée, le 26 novembre 1999, Eminem est de retour à Detroit où, le temps d'un concert, il partage la scène avec les D12 et Royce the 5'9. Ce concert est très symbolique, il sert de lancement médiatique à son label. C'est avec Paul Rosenberg qu'Eminem monte Shady Records, en association avec Aftermath/Interscope, le label de Dr Dre.

Comme on pouvait s'en douter, le groupe D12 est la première signature du label. Eminem adopte donc une nouvel casquette : celle de producteur exécutif. D'autant qu'il a envie de s'impliquer pleinement dans ce nouveau job : « Je vais être présent sur l'album (de D12), je vais aller en studio. Ça va être chaud avec ce groupe ». À noter que Shady Records a ensuite été racheté par Universal.

Sir

En avril 2001, Eminem a annoncé qu'il aimerait s'installer en Angleterre. En effet, récemment, il cherchait un appartement à Londres. « J'adore l'Angleterre et mes fans là-bas sont les meilleurs au monde. J'en ai marre de la Californie et, qui sait, avec un peu de chance, vous pourrez m'appeler Sir. »

Slim Shady

Le personnage de Slim Shady sauve Eminem de la déroute et lui permet d'atteindre une reconnaissance planétaire. C'est au mois de janvier 1997, que naît le personnage de Slim Shady. Eminem raconte que l'idée lui est venu alors qu'il est aux toilettes. Dès lors, les rimes avec Slim Shady se bousculent dans la tête d'Eminem. Ça y est, Marshall Mathers-Eminem a trouvé son alter ego qui va lui permettre de laisser libre court à sa personnalité et d'infliger violence et humiliation à ses ennemis (ceux notamment qui ont rejeté *Infinite*). Pour résumer, Slim Shady incarne l'esprit de vengeance du rappeur. « Slim Shady, c'est juste les pensées diaboliques qui me trottent dans ma tête. Des choses auxquelles je ne devrais pas penser. Ce n'est pas pour être artificiel, mais les gens devraient être capables de différencier quand je suis sérieux de quand je pète tout. C'est pourquoi plusieurs de mes chansons sont drôles. Je pense que j'ai un sens de l'humour morbide. » Le personnage fait son apparition sur *The Slim Shady EP*, (premier album d'Eminem), qu'il enregistre l'été suivant.

Snoop Dogg **Calvin Broadus, de son vrai nom,** est aujourd'hui une pointure du rap américain. Et son parcours s'apparente à celui d'Eminem. Snopp Dogg est élevé par sa mère. Après la mort de son grand-père auquel il était très attaché, Snoop Dogg, à treize ans, joue les petits malfrats (drogue, violence…). Avec Nate Dogg et Warren G, deux amis, il forme le groupe 213. Découvert par Dr Dre (qui est le frère de Warren G) au moment où il quitte NWA pour devenir producteur, ils enregistrent un titre sur son album *The Chronic*. En 1993, Snoop se lance en solo et sort *Doggystyle* qui fait un carton avec plus de 2,5 millions copies vendues. Après quelques soucis avec la justice, il sort *The Doggfather* en 1996 (1 million d'exemplaires). Par la suite, Snoop Dogg devient producteur et découvre notamment le petit phénomène Lil' Bow Wow (treize ans).

Spring Break **Début avril 2000, Eminem a commencé** à présenter son album *The Marshall Mathers LP* sur scène. Le vendredi avant la sortie de l'album, il donne un concert à Long Island Nassau Coliseum qui clôt le show de Spring Break 2000 partageant la scène avec Method Man, Redman, Rah Digga, Black Rob, Ginuwine, NAS, Canibus et Carl Thomas. Eminem a conclu le show avec un set d'une heure, jouant avec une poupée de Christina Aguilera avant d'interpréter *The Real Slim Shady*.

Suicide (1) **À la fin de l'année 1996**, les événements malheureux semblent s'accumuler sur la route d'Eminem. Quelques jours avant Noël (qui est également la date d'anniversaire d'Hailie), Eminem réalise qu'il ne peut pas acheter de cadeau à sa petite fille. D'autant que les relations sont tumultueuses avec Kim, qui lassée d'attendre la réussite de son rappeur de mari, a quitté le domicile et lui empêche de voir Hailie. Par ailleurs, Eminem se fait virer de son poste au Gilbert's Lounge pour absentéisme.

Point d'orgue, Eminem était prêt à signer avec une maison de disque, mais il s'aperçoit que son contact n'est qu'un standardiste qui en a un peu rajouté sur ses responsabilités dans la firme. Par ailleurs, la pression est forte sur le rappeur car FBT a investi pas mal sur lui. C'en est trop pour le rappeur qui fait une tentative de suicide (passage à vide qui sera évoqué dans *My Name Is* et *Cum On Every Body*). « Je me disais que j'étais un jeune de vingt-trois ans, que je n'arriverais jamais à signer. J'étais dans un studio la nuit, et j'ai avalé des pillules. Je me suis dit que j'allais aller à l'hôpital, mais ils ont effectué un lavement d'estomac... » Eminem était en train d'enregistrer *Rock Bottom*.

Suicide (2) **Des paroles d'Eminem** qui auraient influencé un suicide ? Un jeune de dix-sept ans, David Hurcombe s'est jeté sous un train. On a retrouvé une note avec les paroles de *Rock Bottom*, une chanson d'Eminem. L'adolescent était devenu très déprimé au cours des semaines précédent son suicide. L'ado était obsédé par des rumeurs le disant homosexuel. Dans une lettre d'adieu, il reprenait une partie du refrain : « Je dois y aller. J'ai manqué mon train. Je vous verrai en enfer... »

Tatouages

Eminem aime les tatouages, il est peu dire qu'il les collectionne. Voici une petite liste de ses « bijoux de peau » : « Eminem » et « Slim Shady » sur ses biceps droits et gauches (un biceps sur lequel on retrouve également un champignon, une pilule et le prénom Ronnie de son oncle) et, « Kim » et « Rot in Pieces » sur son abdomen. À gauche, sur son avant-bras, est tatoué « 12 » en hommage à Dirty Dozen, sur le poignet gauche, un bracelet gothique. À droite, sur le dessus de l'avant-bras, la lettre D (l'autre moitié de D-12), sur le dessous, le nom de sa fille Hailie Jade. Enfin, sur le poignet, « Slit here » (« tailladez ici ») !

The Beat

Radio locale de Los Angeles qui organise des concours de *freestyle*. La participation d'Eminem à ses compétitions lui permet d'être repéré par les deux producteurs Marky et Jeff Bass, de la Funky Bass Team.

The Eminem Show

C'est le titre annoncé du prochain album d'Eminem. Notons que c'est déjà le titre d'une séquence du clip de *My Name Is*… et celui d'un dessin animé représentant Eminem. Dr Dre, producteur de ce nouvel album a dévoilé qu'Eminem y montre une facette sérieuse de son personnage. Bref, Eminem devrait encore surprendre. Étonnant ?

The Marshall Mathers LP

C'est le troisième album d'Eminem, qui sort le 23 mai 2000, et surtout, la deuxième meilleure vente de l'année 2000 dans le monde !

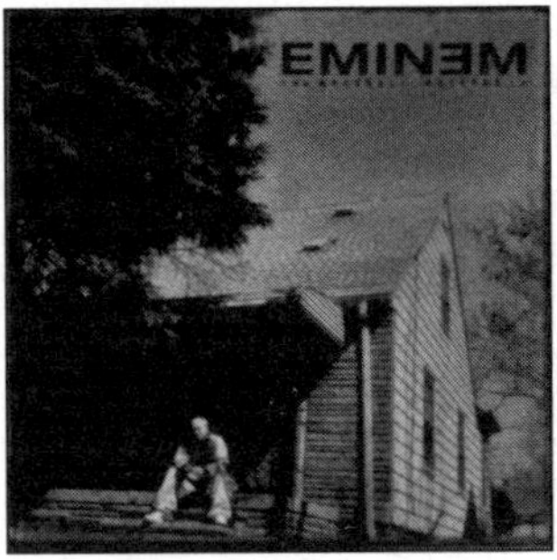

PSA 2000 – Kill You – Stan – Paul (Skit) – Who Knew – Steve Berman (Skit) – The Way I Am – The Real Slim Shady – Remember Me ? – I'm Back – Marshall Mathers – Ken Kaniff (skit) – Drug Ballad – Amityville – Bitch Please II – Kim – Under the Influence – Criminel

En novembre 1999, Eminem entre en studio pour enregistrer la suite de *The Slim Shady LP*. Eminem est attendu au tournant et beaucoup redoutent qu'il ne puisse réitérer la force qui se trouve dans *The Slim Shady LP*. Mais c'est sans compter Dre, qui est toujours aux commandes de ce nouvel album (avec le Funky Bass Team et Eminem lui-même) – il a produit cinq titres, en a mixé quatre autres et a été producteur exécutif de l'ensemble de l'album – et la force d'écriture et d'interprétation d'Eminem.

Voici la méthode de travail selon Dre : « On est entré en studio, et on a fait des conneries pendant deux jours. Puis, on n'a rien fait pendant trois jours. Ensuite, on a remis la bande pour voir ce qu'on avait fait ». Eminem explique, « l'album précédent vous a fait découvrir le monde de Slim Shady, et combien il était frappé. Le prochain va vous paraître plus détaillé et plus profond et vous montrera pourquoi j'en suis arrivé là. » À coup sûr, l'album va être plus profond, mais également plus violent que le précédent. Voici comment le site Internet officiel d'Eminem présentait l'album peu avant sa sortie : « le prochain album d'Eminem est probablement plus effrayant que Slim Shady. Le côté plus dérangé qu'Eminem lui-même. » Et il suffit de l'écouter pour le croire. Après un « Public Service Announcement 2000 » (un avertissement comme il y en avait sur le premier album) par Jeff Bass, Eminem conclut en invitant ses ennemis à le poursuivre en justice.

Immédiatement après, avec *Kill You*, l'album démarre fort : dans ce titre, Eminem trouve amusant de violer sa mère. Il s'étonne de sa progression dans le monde du show-bizz et se plaint de la polémique entourant sa renommée. Le deuxième titre est tout aussi fort puisque *Stan*, qui sample un extrait de la chanson *Thank You* de la chanteuse anglaise Dido, fait le portrait d'un fan désespéré d'Eminem. Dépité de ne recevoir aucune réponse de son idole, le fan se suicide en laissant plonger sa voiture dans une rivière. Dans le coffre, il y a enfermé sa petite amie, enceinte ! *Who Knew* est une critique de la folie identificatrice des fans. Dans *The Way I Am*, Marshall évoque les désagréments de la célébrité. Quant à *The Real Slim Shady*, c'est le morceau qui attaque toutes les stars du show-bizz, Pamela Anderson, Will Smith et, bien sûr, Christina Aguilera. Le morceau *Kim* peut être considéré comme la suite de *Bonnie and Clyde 97*, ou plus précisément, comme l'histoire menant à *Bonnie and Clyde 97*. En effet, dans *Kim*, Eminem s'amuse tout simplement à décrire comment il tue sa femme après avoir découvert son adultère. Bref, l'album s'avère tout aussi fort que *The Slim Shady EP* comme le craignait les critiques. En une semaine, les ventes atteignent 1,7 millions d' exemplaires.

The Slim Shady EP

Deuxième album enregistré pendant l'été 1997.

Intro – Low Down Dirty – If I Had... – Just Don't Give a Fuck – Mommy (interlude) – Just the Two of Us – No One's Iller Than Me – Murder, Murder – If I Had (radio edit) – I Just Don't Give a Fuck (radio edit)

The Slim Shady EP est l'album qui change la vie d'Eminem. Tout d'abord parce que c'est le premier à faire vivre le personnage de Slim Shady. Ensuite, parce que c'est cette version de l'album qui permet à Eminem de se faire remarquer et de signer chez Dr Dre, maison de disque où il est encore aujourd'hui. Enfin, parce que c'est l'album qui fait passer Eminem de l'ombre à la lumière.

L'album a été enregistré en 1997, l'année qui suit la sortie d'*Infinite* sur un petit label : Web Entertainment. Les dix titres de *Slim Shady Ep* sont produits par les producteurs des débuts, Mark and Jeff Bass du FBT. L'ambiance y est nettement plus dure, Eminem rompant nettement avec le précédent album. Contrairement à *Infinite, The Slim Shady EP* révèle tout le potentiel d'Eminem. L'album est plus violent, plus caustique, bref, dévoile la recette d'Eminem. Il faut dire qu'Eminem en a gros sur le cœur et que c'est animé d'un esprit de vengeance qu'il crache véritablement ses nouvelles compositions : « Je n'avais rien à perdre. Sur *The Slim Shady EP*, je me suis lâché sur tous ceux qui avaient dit du mal de moi. » Traduction : tout ceux qui n'avaient pas aimé *Infinite*.

Au moment de l'enregistrement de l'album, Eminem habite toujours dans les quartiers pauvres de Detroit : expulsion, violence et drogue font partie du quotidien (*If I Had*, relate d'ailleurs cette facette de la vie d'Eminem). Une anecdote rapporte qu'un jour, une rafale de balles a traversé la fenêtre de la cuisine où se trouvait Kim, sans faire aucun blessé. C'est à ce moment que Kim choisit de partir une nouvelle fois, sa fille sous le bras, estimant qu'Eminem ne joue pas son rôle d'homme de la maison. Comme lors de la naissance de sa fille pour *Infinite*, ce nouvel événement incite Eminem à provoquer le destin. Il décide de démarcher et de faire lui-même la promotion de son album. C'est alors qu'il donne une copie de son album à la coalition rap Wendy Day. Séduits, ils décident de lui laisser sa chance au « Rap Olympics » (une compétition de freestyle) qui a lieu le 24 octobre 1997 à Los Angeles.

Cette compétition de haut niveau et reconnue dans le milieu rap est une aubaine pour Eminem. D'autant que le premier prix est doté d'une montre Rollex et de cinq cent dollars, une somme dont Eminem a besoin. Pourtant, le sort semble s'acharner contre lui. La nuit précédent son envol pour cette compétition, Eminem découvre qu'il vient à nouveau d'être expulsé de son appartement. Malgré la nouvelle serrure et la notice d'expulsion punaisée sur la porte, il entre pour s'endormir sur le sol. Le départ fut donc chaotique, mais l'arrivée bénéfique. Lors de la compétition, Eminem séduit le public présent mais ne décroche que la seconde place de sa catégorie (face à une cinquantaine d'MC présents). Peut-être l'effet Wigga ? Avec Paul Rosenberg (qui est déjà son manager), Eminem profite de l'événement pour distribuer des exemplaires de *The Slim Shady EP*. Une copie tombe dans les mains d'un représentant de Jimmy Lovine, de la maison de disque Interscope. L'histoire est en marche ! Cet album inclut les titres qui sont repris dans le *Slim Shady LP* comme *Just Don't Give a Fuck et If I Had* (qui réapparaissent à la fin du disque), mais aussi *Just the 2 of Us*, qui changera de titre pour devenir *97 Bonnie and Clyde*, sur l'album.

The Slim Shady LP

Deuxième album d'Eminem qui sort le 23 février 1999.

FPSA – My Name Is – Guilty Conscience – Brain Damage – Paul – If I Had – 97 Bonnie & Clyde – Bitch – Role Model – Loung – My Fault – Ken Kaniff – Cum On Everybody – Rock Bottom – I Just Don't Give a Fuck – Soap – As the World Turns – I'm Shady – Bad Meets Evil – Still Don't Give a Fuck

Eminem entre en studio en janvier 1998. C'est l'album de la rencontre avec Dr. Dre. Plus qu'une rencontre, une fusion à en croire le récit des protagonistes. La communion est tellement parfaite entre les rythmes proposés par Dre et les rimes apportées par Eminem qu'en moins de six heures, le duo a déjà sorti quatre titres dont *My Name Is*... « Dès le premier jour où nous sommes rentrés en studio et que nous nous sommes mis au travail, j'ai compris qu'il y avait une alchimie entre nous, raconte le rappeur. Pour chaque beat que Dre sortait, j'avais la rime qu'il fallait. Et Dre savait me rendre meilleur. »

Entre *The Slim Shady EP* et *The Slim Shady LP*, les points communs ne sont pas nombreux. On compte la reprise de *Just Don't Give a Fuck* et *If I Had* (qui réapparaissent à la fin du disque), mais aussi *Just the 2 of Us*, qui devient *97 Bonnie and Clyde* dans sa version plus récente. C'est surtout grâce au titre *My Name Is*... que l'album va exploser dans les charts. Le succès phénoménal de ce titre, conduit l'album au triple platine. *The Real Slim Shady* entre directement à la deuxième place des charts américains.

Autre titre fort du nouvel album : *Guilty Conscience*, un duo avec Dr Dre dans lequel s'affrontent les deux consciences d'un jeune homme émettant le désir de violer sa voisine ! Le titre *Brain Damage* revient sur le coup D'Angelo Bailey qui fit connaître le coma à Eminem. Selon ses propres déclarations, Eminem a un peu exagéré l'incident (dans le texte, son cerveau coule de son crâne qui nécessite quelques points de suture) voulant traduire toute la violence qu'il a connu pendant son enfance. On retrouve également le titre *Rock Bottom*, celui qu'il a écrit avant sa tentative de suicide de Noël 1995 alors qu'il vient d'être jeté de son job de serveur et qu'il n'a pas de quoi faire de cadeau à sa petite fille.

Le thème du désespoir que l'on retrouve dans *If I Had* (déjà présent sur *The Slim Shady EP*). Dans *Role Model,* Eminen s'amuse à taper sur Hillary Clinton et Vanilla Ice, et raconte avoir assassiné l'épouse d'O.J. Simpson. *As the World Turns* est tout simplement une succession d'histoires de violence et d'horreur. Enfin, *97 Bonnie and Clyde* est l'une des chansons les plus dures de l'album (ex-*Just the Two Of Us* du précédent album). En compagnie de sa petite fille, Eminem va jeter le corps de la mère de celle-ci dans la mer : « Plus de dispute avec maman, plus de décision du tribunal », rappe-t-il. Et le morceau commence par la voix de la petite Hailie !

À noter que la pochette de l'album montre Eminem et sa petite fille devant le coffre d'une voiture duquel sortent les deux pieds supposés de la maman. Une nouvelle édition de l'album sortira pour le noël 1999, gonflée de quelques bonus.

The Wash

Juin 2001. Eminem va rejoindre Dre et Snoop Dogg pour un petit rôle dans un film intitulé *The Wash*. Cette comédie urbaine, dont l'action se déroule dans un centre de lavage de voitures, est mise en scène par DJ Pooh, réalisateur spécialisé dans le rap. Le projet *Lazarus* étant suspendu, ce sera la première prestation d'Eminem au cinéma.

Tournée

La première grosse tournée d'Eminem, le *Slim Shady Tour*, eu lieu au milieu de l'année 1999. Une tournée d'une vingtaine de dates avec the Beatnuts, Mixmaster Mike, Last Emperor and Pace Won des Outsidaz en première partie, qui commence à

Chicago le 7 avril 1999. En concert, Eminem fait participer ses amis, comme MC Proof et Royce. En deux mois, la tournée affiche plus 500 000 spectateurs à travers les États-Unis.

Les détracteurs d'Eminem n'ont pas manqué de soulever une polémique sur l'utilisation de bandes enregistrées et du play-back que ferait Eminem selon eux. Un concert particulier eu lieu le 21 mai au Théâtre de l'État de Detroit. Particulier tout d'abord parce qu'Eminem a invité Kid Rock, un rappeur blanc, ancien ami de Detroit. Mais le show pris une tournure particulière pour d'autres raisons : Dre est venu interpréter *Nuthin' But a 'G' Thang* avec Eminem, la vidéo de *Guilty Conscience* est diffusée pour la première fois au public sur écran géant.

Enfin, le concert commence par une minute de silence en mémoire de Cornell Pitts, l'un des amis du groupe D12, un jeune de vingt-deux ans, tué par balle à la suite d'une bagarre. Après cette première tournée, Eminem enchaîne avec le Vans Warped Tour (de fin juin à fin juillet), sur laquelle il remplace Cypress Hill. Un peu surmené, Eminem devra annuler deux concerts de cette tournée. Puis il enchaîne par une tournée de promotion de son album en Europe.

U

Up in the Smoke Tour

Durant l'été 2000, Marshall entame une tournée, dans tous les États-Unis, le *Up In The Smoke Tour,* où l'accompagnent les plus grands du rap américain contemporain (Dr. Dre, Snoop Dog et Xzibit). Le concert est sorti en vidéo.

V

Vans Warped Tour

En juin 1999, Eminem est appelé sur la célèbre tournée Warped Vans, pour remplacer Cypress Hill (qui arrête alors la tournée pour finir son cinquième album) à la dernière minute. La tournée de trente et une dates commence le 25 juin à San Antonio, Texas, pour s'achever le 31 juillet à Miami, en Floride. Pourtant, la tournée a bien failli être écourtée pour Eminem qui, surmené, dû faire une petite halte médicale à l'hôpital, le 18 juillet. Eminem a dû annuler sa participation aux concerts de Pittsburgh et de Philadelphie. Il réintègre la tournée à New York.

Vengeance

Les réactions au premier album d'Eminem, *Infinite*, ont créé une réelle blessure chez le rappeur. C'est pourquoi, la plupart de ses chansons suivantes n'ont été que vengeance par rapport au mal qui lui avait été fait. « Sur cet album (le deuxième), j'ai tiré sur chaque personne que je n'ai pas aimé, explique Eminem. C'est ma manière de me défendre, écrire et j'utilise les mots comme des armes contre les personnes. »

Violence

La violence est le quotidien de l'enfance d'Eminem. À Detroit, il se fait frapper par les jeunes de son quartier. Un peu gringalet, Marshall Mathers est la proie des plus costauds que lui sur le trajet de l'école : « Je me faisais agresser tout le temps, raconte-t-il. En allant à l'école, à l'école et en revenant de l'école. » Le point culminant de cette violence quotidienne sera le coup asséné par D'Angelo Bailey qui fera passer à Eminem une semaine dans le coma. En 1990, Eminem se fait tirer dessus par un gang de son quartier. Une balle, qui traverse son épaule droite, le cloue pendant un mois sur un lit d'hôpital.

Logiquement, les textes d'Eminem traduiront cette violence accumulée, ce qui lui est beaucoup reproché. Voici sa réponse : « J'ai grandi en écoutant 2 live Crew et NWA et je ne suis jamais sorti pour tuer quelqu'un » ou « *Il faut sauver le soldat Ryan* est probablement le film le plus fou que j'ai jamais vu. Et pourtant, je n'ai vu personne le critiquer pour sa violence. Bon nombre de mes paroles sont juste faites pour faire rire. La moindre personne avec un minimum d'esprit est capable de comprendre quand je blague et quand je suis sérieux. »

W

Wake up show **C'est le titre de l'émission de radio** menée par Sway et Tech, qui permet à Eminem de se faire remarquer. Invité par la radio de Los Angeles, *The beat*, sur la fréquence 92.3, il réalise des *freestyles* qui font mouche. Différents producteurs et directeurs artistiques de majors de la côte Ouest le repèrent et lui décerneront même le prix du meilleur « Performer de Freestyle » du *Wake Up Show* de l'année 1997.

Warren **C'est la petite ville de la banlieue de Detroit** où a eu lieu l'affaire de Kim et de son vigile. À croire qu'Eminem ne peut plus y être tranquille, il a été interpellé, en compagnie de trois autres personnes, après qu'une bagarre a éclaté à la sortie d'une boîte de nuit. Les échauffourés ont débuté lorsque des clients ont reconnu le rapper blanc sur le parking du Hot Rocks Cafe et ont voulu lui demander des autographes. Trois vigiles sont intervenus. La police a été appelée parce que l'une des personnes maîtrisées par les vigiles possédait une arme à feu. Eminem a été remis en liberté dans la journée.

Wigga **Wigga vient de White Nigga – White Nigger –**, littéralement « nègre blanc ». Le terme désigne péjorativement les blancs qui veulent faire comme les noirs, notamment dans le milieu hip hop. Et Eminem a dû faire face à cet a priori de manière permanente. Pendant des semaines, Eminem a affronté les critiques du milieu rap américain, mais également des journalistes musicaux américains. Une question qu'il aborde d'ailleurs dans *The Real Slim Shady*. Mais son association avec Dr Dre ainsi que ses performances ont rapidement convaincu les plus réticents.

X

Xzibit **Rappeur qui a participé à la tournée** *Up in the smoke Tour* avec Eminem, Snoop Dog et Dre. En 1992, il intègre le groupe Likwit Crew avant de suivre une carrière solo grâce aux albums *At the Speed of Life*, quatre ans plus tard et *40 Days & 40 Nightz*, en 1998. Le 8 décembre 2000, Eminem a participé à son dernier album *Restless* (dans *Don't Approach Me*, il évoque ses démêlés avec la justice et parle de ses fans et de sa femme).

CHRONOLOGIE de la vie d'Eminem

17 OCTOBRE 1975 Naissance de Marshall Bruce Mather III, à St Joseph, dans le Missouri (sa mère a seize ans).

1983 Découverte du rap grâce à son oncle Ronnie.

HIVER 1983 Eminem passe dix jours dans le coma, suite à une agression.

1987 À l'âge de treize ans, il est repéré par les producteurs de Détroit.

1989 Abandon de l'école pour s'adonner à sa passion dès quatorze ans. Il est repéré par le FBT.

1990 Eminem se fait tirer dessus par un gang de son quartier. La balle n'ayant fait que passer à travers son épaule droite, il reste un mois à l'hôpital.

1992 Eminem commence à rapper dans les plus grand clubs de hip hop de Détroit.

13 DÉCEMBRE 1993 La vie d'Eminem bascule. Son oncle Ronnie qui est son seul et meilleur ami, se suicide.

DÉBUT 1995 Premier maxi Backstabbers/Biteaphobia.

25 DÉCEMBRE 1995 Naissance de sa petite fille Hailie Jade.

DÉCEMBRE 1996 Tentative de suicide.

1996 Premier album, *Infinite*.

JANVIER 1997 Création de son alter ego Slim Shady.

ÉTÉ 1997 Album *The Slim Shady EP*.

1997 Eminem est nommé « Performer de l'année » du *Wake Up Show*.

24 OCTOBRE 1997 Participation au « Rap Olympics » à Los Angeles.

JANVIER 1998 Eminem signe sur le label Aftermath (Interscope) de Dr Dre.

23 FÉVRIER 1999 Sortie de *The Slim Shady LP*.

16 AOÛT 2000 Eminem engage une procédure de divorce quatre mois après s'être séparé de Kim.

18 AOÛT 2000 Sa mère attaque, lui réclamant un million de dollars pour des déclarations dans la presse sur sa famille et sa mauvaise éducation.

22 AOÛT 2000 Kim réclame un million de dollars.

29 AOÛT 2000 Eminem renonce à la garde d'Hailie et parvient à un accord financier à l'amiable.

7 SEPTEMBRE 2000 Le GLAAD lance une campagne de protestation contre Eminem.

8 SEPTEMBRE 2000 Eminem empoche deux MTV Awards (meilleure prestation rap et meilleur albums pour *The Marshall Mathers LP*).

14 SEPTEMBRE 2000 Lynne Cheney, épouse du vice-président américain, décrit les chansons de Eminem comme « répugnantes et méprisables » devant le Sénat.

15 SEPTEMBRE 2000 Eminem fait une déposition sous serment de trois heures contre sa mère.

7 NOVEMBRE 2000 Sortie du livre *Angry Blond*.

14 DÉCEMBRE 2000 Eminem et son épouse ont abandonné la procédure de divorce.

19 DÉCEMBRE 2000 Une rumeur circule sur Internet, selon laquelle Eminem aurait trouvé la mort dans un accident de voiture.

JUIN 2001 La procédure de divorce est finalement prononcée.

AVRIL 2002 Sortie *The Eminem Show*.

DISCOGRAPHIE

- **Infinite LP** / 1996
- **The Slim Shady EP** / 1998
- **The Slim Shady LP** / 1999
- **The Marshall Mathers LP** / 2000
- **The Eminem Show** / 2002

LES PARTICIPATIONS

- **Fucking Backstabber / Biterphobia /** avec le groupe Soul Intent – 1996
- **5 Star Generals /** Shabaam Sahdeeq (feat. Eminem, Kewst, Skam, A.L.) – 1998
- **Green and Gold /** The Anonymous (album *Green And Gold LP*) – 1998
- **Trife Thieves /** Bizarre (album *Attack of the Weirdos*) – 1998
- **We Shine /** Da Ruckus (album *Episode 1 EP*) – 1998
- **Fuck Off /** Kid Rock (album *Devil Without a Cause*) – 1998
- **ThreeSixtyFive /** OldWorldDisorder (feat. Eminem) – 1998
- **Nuttin' To Do / Scary Movies /** Bad Meets Evil (Eminem & Royce) – 1998
- **The Atemn /** Sway & Tech (featuring Eminem, RZA, Kool G Rap, Xzibit, Pharoah Monch, Tech 9ne, KRS-One, Jayo Felony) – 1999
- **Hustlers And Hardcore /** Domingo (album *Behind The Doors of the 13th Floor*) – 1999
- **Any Man /** compilation *Rawkus Presents Soundbombing 2* – 1999
- **Get You Mad /** Sway & Tech (feat. Eminem) (album *This or That*) – 1999

- **Busta Rhyme** / Missy Elliot featuring Eminem (album *Da Real World*) – 1999
- **Watch Dees** / DJ Spinna featuring Thirston Howl III & Eminem (album *Heavy beats Volume One*) – 1999
- **Bad Guys Always Die** / Dr Dre and Eminen (BO du film *Wild Wild West*) – 1999
- **Macosa** / Outsidaz featuring Eminem – 1999
- **Bad Influence** / B.O. du film *End Of Days* – 1999
- **My Fault** / B.O. du film *Celebrity Deathmatch* – 1999
- **Forgot About Dre** / Dr Dre featuring Eminem (album *Chronic 2001*) – 1999
- **What's The Difference** / Dr Dre featuring Eminem & Xzibit (album *Chronic 2001*) – 1999
- **If I Get Locked Up Tonight** / Funkmaster Flex & Big Kap featuring Eminem & Dr. Dre (compilation *The Tunnel*) - 1999
- **Dead Wrong** / Notorious B.I.G. featuring Eminem (album *Born Again*) – 1999
- **Murder Murder (New Remix)** / B.O. du film *Next Friday* – 1999
- **Stir Crazy** / Madd Rapper featuring Eminem (album *Tell Em Why U Madd*) – 2000
- **Just Rhymin' With Proof** / Eminem & Proof Freestyle in Paris – 2000
- **Rap Superstar** / Cypress Hill featuring Eminem (album *Skull & Bones*) – 2000

- **Off The Wall** / Eminem and Redman (B.O. du film *The Nutty Professor 2*) – 2000
- **Shit On You / I Remember** / D12 featuring Eminem – 2000
- **The One** / Royce 5'9 featuring Eminem – 2000
- **Words Are Weapons** / FunkMaster Flex featuring D12 / Eminem (album *60 Minutes of Funk Vol. 4*) – 2000
- **Don't Approach Me** / Xzibit featuring Eminem (album *Restless*) – 2000

INDEX

MusicBook

Directeur de collection : Stéphane Chabenat

Secrétariat de rédaction/maquette :
Angèle Marino-Simoes
Christel Moreau
Hervé Guilleminot
Priscille de Bargues

33 avenue du Maine, BP 68 75755 Paris cedex 15
Dépôt légal : avril 2002

Imprimerie Darantiere : n° d'impression : 22-0499

ISBN 2-84343-103-4